A TRAVESSIA DA MATERNIDADE

Blucher

A TRAVESSIA DA MATERNIDADE

Paula Nogueira Komniski

A travessia da maternidade

Editora Edgard Blücher Ltda.

Publisher Edgard Blücher
Editores Eduardo Blücher e Jonatas Eliakim
Coordenação editorial Andressa Lira
Produção editorial Helena Miranda
Preparação de texto Maurício Katayama
Diagramação Alessandra de Proença
Revisão de texto Juliana Morais
Capa Leandro Cunha
Imagem de capa L'Origine du monde, de Gustave Courbet (1866), óleo sobre tela, 46 × 55

Blucher

Rua Pedroso Alvarenga, 1245, 4º andar
04531-934 – São Paulo – SP – Brasil
Tel.: 55 11 3078-5366
contato@blucher.com.br
www.blucher.com.br

Segundo o Novo Acordo Ortográfico, conforme 6. ed. do *Vocabulário Ortográfico da Língua Portuguesa*, Academia Brasileira de Letras, julho de 2021.

Dados Internacionais de Catalogação na Publicação (CIP)
Angélica Ilacqua CRB-8/7057

Komniski, Paula Nogueira
A travessia da maternidade / Paula Nogueira Komniski. – São Paulo : Blucher, 2023.
270 p.

Bibliografia
ISBN 978-65-5506-591-6

1. Psicologia 2. Maternidade I. Título

23-3866 CDD 155.6463

Índice para catálogo sistemático:
1. Psicologia – Maternidade

Murilo, Clara e Maria,
vocês são minhas raízes, mas também minhas asas.
Dedico este livro à nossa história.

Quando eu cheguei das estrelas
entrei na terra
por uma caverna
chamada Nascer
E eu era uma nave
uma ave
da ave-maria
e como uma fera
que berra
entrei
na atmosfera
E cuspido, espremido,
petisco de visgo,
forçando a passagem
pela barreira,
sangrando, rasgando,
subindo a ladeira,
orgasmo invertido,
gritei quando vi:
já estava respirando

Tom Zé

No começo foi terror e pânico.
Parece que um buraco te suga e daí vem a culpa.

O apoio da minha mãe durante o pós-parto me sufocou.

Sou professora de composição. Fiz uma tese de 700 páginas. Os compositores são considerados gênios. Nada, na minha vida, foi mais difícil do que a maternidade. Este bebê aqui nasceu para me mostrar que eu não sabia nada.

Parece que, quando você acaba de parir,
carimbam a culpa em você.

Eu pensava que minha filha era uma bomba-relógio. Quando eu a colocava no carrinho, tinha a sensação de que ela poderia explodir a qualquer momento.

O nascimento do bebê é uma avalanche.

A maternidade é uma explosão para fora do Eu.

Ah, depois que nasce é como uma cachoeira.
A vida vira de pernas para o ar.

Parece que tudo vai desabar.

Na verdade, é como um surto.

Frases que ouvi de mulheres que atravessavam o puerpério.

Conteúdo

Prefácio: um bebê nasce, em uma mãe e na história

O leitor tem em mãos a verdadeira obra de uma psicanalista inquieta e comprometida, que encontrou caminho singular em meio à floresta das vozes próprias da psicanálise contemporânea no Brasil, para nos dar contribuição original e significativa. De fato, original é a questão que se põe a partir da vida e da pesquisa de Paula Komniski: original pela singularidade da articulação de pesquisa e modo de operar a escuta analítica, e significativa porque é exercício de inquirição, imaginação e construção teórica sobre um dos sentidos do que se entende por *origem* em psicanálise.

O exercício de imaginação clínica e disposição teórica de Paula se dá mesmo no campo o qual alguns psicanalistas chamam de o *originário*. A psicanálise, vista pela sua tendência fundamental de ser uma teoria ontológica *da memória* – e seu princípio epistemológico para a disciplina –, *uma memória que ganhou sua ampla forma inconsciente*, com a força intensa ou sutil de retorno do passado que aparece na vida psíquica presente de todos nós, sempre tendeu a nos dar uma imagem, ou variadas imagens, daquilo que seria o *tempo um*, o primeiro, ou o *originário*, no psiquismo humano.

Sob a forma de um trauma de assassinato e recomposição emocional, defensiva, do grupo de irmãos, *identificados*, em uma narrativa das origens antropológicas da cultura, para toda a humanidade; ou sob a forma das múltiplas pulsões parciais, corpóreas, de um corpo ainda nada unificado, sem a entidade e a película ordenadora de *um eu*; sob a forma de uma intensidade sexual enigmática, de uma primeira sedução, posta no próprio cuidado materno, ou a forma do primeiro investimento na própria integridade e unidade do eu, o seu advento *narcísico*; sob a inscrição estrutural *da linguagem do mundo* como produtora de uma falta que dá a existir, ou sob o ato fundador de um objeto que põe mundo, põe eu e põe realidade *transicionais* a um tempo; ou, ainda, a função partilhada de sonho comum entre mãe e bebê, organizadora da capacidade fundamental de dotação de sentido comum, ou até a deflação reparadora na relação das forças de destruição, e autodestruição, originais humanas; todos os grandes pensadores em psicanálise propuseram o seu campo de origem, *de objetos psicanalíticos de origem*, por assim dizer, de *ações originárias* do humano. É exatamente nesse plano e nesse espaço da teorização psicanalítica que o trabalho de Paula se inscreve.

Considerando muitas destas hipóteses e lidando com elas de modo implicado, ou seja, pensando-as junto com sua clínica, de *conversas psicanalíticas*, que realizou com suas pacientes e membros da pesquisa, Paula se dedica a um ponto sensível, de algum modo ainda pouco explorado em psicanálise, o das possibilidades, checadas entre mães e bebês, de pensar *o nascimento*, a última fronteira, ou a primeira, *o originário dos originários*, como problema de constituição, força e forma especial na vida humana.

Uma velha intuição de caráter muito amplo se atualiza aqui, com muito do que se pensou a respeito e ao redor do tema no século da psicanálise.

Assim, o enigma da continuidade corpórea e do corte necessário, o *umbigo* como marca da ligação e cicatriz do desligamento; a expressão da verdade da *ambivalência materna* sobre tornar-se mãe e sobre o caráter do bebê tirano amado, que revoluciona a vida e a existência da mãe, e o enigma da *personalidade original singular de cada bebê*, seus ritmos e modos, já perceptíveis desde o começo e em busca de percepção da mãe e do mundo, são problemas novos e excitantes, porque verdadeiros, que Paula acrescenta, em conjunto com suas pacientes, à vida do pensamento psicanalítico.

É boa notícia o nascimento deste livro.

Tales Ab'Sáber

Apresentação

Nous naissons, pour ainsi dire provisoirement
quelque part; c'est peu à peu que nous composons
en nous le lieu de notre origine pour y naître après coup,
et chaque jour plus définitivement[1].
(Reiner Maria Rilke, 1923)

As páginas deste livro contam sobre um caminho percorrido na tradição e na experiência psicanalíticas e têm como objetivo explorar a complexidade do nascimento humano. Desde Freud, esse tema vem sendo muito discutido e explorado. O autor, em seu texto *Inibição, sintoma e angústia*, de 1926, retomou a expressão *trauma do nascimento*, proposta por Otto Rank, em obra de título homônimo. Desde então, a experiência de separação da mãe, ou da passagem do

1 Tradução livre da autora: "Nascemos, por assim dizer, provisoriamente em algum lugar; e pouco a pouco compomos em nós o lugar de nossa origem para nascer depois, e cada dia mais definitivamente".

mundo aquático (o útero materno) para o mundo aéreo (o mundo das palavras), vem sendo discutida e explorada por diversos autores em obras de psicanálise, em outras áreas da psicologia, assim como em textos menos teóricos. A *cesura* do ato do nascimento, para mantermos o termo utilizado por Freud no texto sobre a angústia, tem consequências importantes para o início da vida psíquica. Isso porque, no caso do bebê humano, tal cesura (ou corte) ocorre muito cedo, uma vez que o filhote, quando expulso para fora da mãe, é ainda muito prematuro e excessivamente dependente – fato que trará consequências muito significativas para a constituição psíquica e, inevitavelmente, para as relações humanas.

Quando iniciei minha pesquisa de doutorado, trabalho que deu origem a este livro, meu interesse estava voltado para o bebê que acabava de nascer. Sentia-me intrigada e curiosa para compreender o que esse ser tão fantástico, cheio de brilho do narcismo primário, poderia me contar sobre si e sobre como suas características iniciais influenciariam sua forma de se constituir como sujeito e estabelecer suas relações. Tal pergunta levou-me, inevitavelmente, a conversar com mulheres que passavam pelo puerpério, afinal esses bebês não poderiam falar sobre si. A partir dessas conversas, vi-me diante de uma realidade que necessitava ser revelada: para além dos efeitos do nascimento para o próprio bebê, seria preciso levar em consideração os desdobramentos desse acontecimento para a mulher que gesta, dá à luz, alimenta e acolhe, mas também se traumatiza. Ao longo desse percurso, também fui me dando conta da importância de olharmos para o pai e, obviamente, para o casal.

Como ressaltei no início desta apresentação, este livro tem origem no caminho que venho percorrendo, influenciada e embasada na tradição psicanalítica. Nesse sentido, minha escuta clínica é o outro elemento fundante deste livro. O encontro humano que ocorre no espaço protegido do *setting* terapêutico é fonte incessante de criatividade e crescimento. Além disso, se partirmos do princípio de que os elementos primitivos da constituição psíquica se atualizam na relação transferencial, como nos ensinam alguns dos autores pós-freudianos, a clínica nos apresenta elementos de uma vida psíquica primitiva, cuja riqueza e dificuldades ganham novos sentidos a partir do trabalho analítico.

E assim, com base em minha experiência clínica e em entrevistas realizadas com mulheres que passavam pelo puerpério, discuto a transição para a maternidade e, também, para a parentalidade, com o objetivo de compreender seus efeitos, tanto para a mãe como para o casal. Entre os temas centrais abordados estão as ambivalências detectadas nos movimentos psíquicos maternos, as dificuldades iniciais vivenciadas pelas mães no acolhimento inicial do bebê que chega, os lutos a serem elaborados e as depressões pós-parto. Além disso, discuto o número de cesarianas feitas no Brasil, que estão significativamente acima daquele recomendado pela Organização Mundial da Saúde, bem como as dificuldades das equipes médico-hospitalares para detectar sintomas de depressão materna e de acolher as decisões da mulher em relação ao parto, à amamentação e aos cuidados com o bebê.

Parto do princípio de que tais dificuldades estão relacionadas às defesas psíquicas que se fazem presentes no nascimento, não só para os pais, mas também para o entorno que deverá acolher e se ocupar do bebê que chega. Nesse sentido, sustento a hipótese de que o nascimento humano deve ser concebido e tratado como um evento psíquico e não puramente biológico, exigindo, dessa forma, atenção e cuidado. Ou seja, é fundamental atentarmos para os efeitos e desdobramentos emocionais desse acontecimento. Abordo também a questão da contemporaneidade, uma vez que as mulheres, na atualidade, têm um ritmo de vida acelerado, realidade que produz efeitos na forma com que se identificam e acolhem o filho recém-nascido.

Finalmente, proponho uma relação entre o nascimento e a clínica psicanalítica, sustentando a hipótese de que, em ambos os casos, há um enigma humano que deverá ser traduzido. Do ponto de vista do bebê, a mãe será responsável por dar sentido às comunicações do recém-nascido, que ainda não é capaz de falar sobre si. E, no processo analítico, o analista também funcionará como um tradutor dos movimentos internos do paciente, que podem se transformar em sintoma, trazendo dor e sofrimento. Para tanto, fiz entrevistas com cinco mulheres que haviam recentemente passado pelo puerpério, buscando compreender como essa experiência havia se configurado para elas, bem como os seus efeitos psíquicos. Também fiz uso de vinhetas clínicas, no intuito de, por meio de minha experiência clínica, identificar situações em que os elementos primitivos da constituição psíquica se faziam presentes nos sintomas enfrentados por meus pacientes e que se atualizavam na relação transferencial.

Introdução

Em Tebas ou em Minas, o caminho tende
a se confundir com o traçado da existência,
e o obstáculo, com nossa persistente cegueira.
(Davi Arrigucci Jr., 2002)

Morávamos em um bairro nobre de uma cidade no interior do Brasil, e, na mesma rua que dava acesso ao que, à época, era o prenúncio dos condomínios fechados que conhecemos hoje, estava o "Lar Santa Rita". Administrado por senhoras da classe alta da cidade, o "orfanato"[1] acolhia crianças retiradas de suas famílias de origem. Eu

1 Trata-se do início dos anos 1980, período anterior ao Estatuto da Criança e do Adolescente, que renomeou a instituição de acolhimento para abrigo – uma vez que a grande maioria das crianças que vive nesses lugares não são órfãs, mas provêm de núcleos familiares muito instáveis economicamente e com dificuldades estruturais importantes: alcoolismo, dependência química, violência doméstica, entre outros fatores que podem levar ao abandono ainda no hospital, ou à retirada das crianças do convívio familiar com o objetivo de preservar sua integridade.

tinha por volta de 5 ou 6 anos e a cena que conto em seguida deve ter acontecido perto do Natal. Meus pais, muito católicos, frequentavam os ritos da igreja: novenas, grupos de orações, organização das festas e celebrações. Eu achava tudo sempre muito triste e nostálgico. E, naquele dia, a novena que havia circulado pelo bairro, levando a imagem da santa para visitar as casas do condomínio, se encerraria no lar das crianças apartadas de suas famílias: elas também teriam direito à nobre visita.

Ao entrarmos, a cena me arrebatou: no refeitório, crianças pequenas, muitas delas com a minha idade, circulavam com os cabelos bem curtos, quase raspados, com um pozinho branco espalhado sobre a cabeça (só depois entendi que se tratava de remédio para piolho). Algo que circulava no ar daquele lugar produziu em mim uma tristeza profunda, e uma dor infantil genuína e inominável me invadiu. Foi então que, já mobilizada pelo impacto emocional da cena, vi uma mosca pousar na cabeça de um dos meninos, bem onde havia uma mancha branca produzida pelo pó do remédio. Fui tomada por um soluço, e um choro impossível de controlar saiu de dentro de mim. Não sabia explicar o que sentia, pois pouco me havia sido dito sobre a realidade daquele lugar e daquelas crianças, mas não era preciso muito para intuir que era tudo muito triste e desolador. Afinal, nada poderia ser mais terrível do que a falta de um colo materno para situações de emergência, e isso havia ficado bem claro tanto no olhar das crianças quanto no ar rarefeito daquele refeitório.

Lembro-me de buscar entender, em minha lógica infantil, porque a mosca havia pousado justamente na cabeça do menininho sem colo de mãe nem pai, protegido apenas pela ação benevolente das senhoras ricas e religiosas.

Hoje, revisitando a cena, observo algo de uma intuição infantil sobre a condição de abandono e desamparo, misturados com alguma certeza de que tudo aquilo era muito absurdo, apesar de real.

Uma dor incompreensível e profunda se materializou na estética daquela cena: a opacidade da pele daquelas crianças, a mosca que escolheu aquela cabecinha para pousar, a benevolência das senhoras que compartilhavam a santa com os "menores abandonados", e que representavam tão bem a culpa da classe média subdesenvolvida e desenvolta de meu país – experiências que me constituíram e que, muito mais tarde, já adulta, me levariam a querer compreender mais profundamente a infância, o abandono e a dor.

Dessa cena arrebatadora de minha infância, ocorrida no interior de Mato Grosso do Sul, vejo-me agora no início dos anos 2000 e estou sentada na videoteca da Universidade de Genebra, na Suíça, assistindo a um documentário de um diretor francês, Bernard Martino, de título *Lóczy: une maison pour grandir.*[2] Trata-se de uma instituição de acolhimento para crianças separadas do convívio familiar, localizada em Budapeste, capital da Hungria. Na cena inicial, uma cuidadora retira a roupa de um bebezinho para em seguida colocá-lo na banheira. O bebê olha profundamente para ela e cada gesto é cuidadoso, meticuloso, sem pressa, e marcado por uma atenção mútua profunda. Em húngaro, esta língua gutural e sonora, a cuidadora vai descrevendo para a criança todos os seus movimentos e gestos.

A experiência do abrigo húngaro, criado em 1946 por Emmi Pikler, médica pediatra, para acolher crianças órfãs da Segunda Guerra Mundial, foi levada à França, ainda durante os anos da Guerra Fria, por uma psiquiatra infantil, Myriam David, e por uma psicóloga, Geneviève Appel. As duas transformaram a experiência em um livro de título *Lóczy: ou le maternage insolite.* Com essa abertura para a Europa Ocidental, o trabalho ali desenvolvido tornou-se uma grande referência no acolhimento e cuidado de crianças, não somente nos casos de abandono ou orfandade, mas também para creches e escolas, bem como revolucionou a forma de compreender o bebê e lidar

---

2 *Lóczy: uma casa para crescer*, em tradução livre.

com suas competências. Os estudos sobre Lóczy nos mostram que a concepção do bebê como sujeito, concebida por Françoise Dolto na França da Europa Ocidental, também estava em curso do outro lado da cortina de ferro, alheia à velocidade do mundo capitalista.

Em Lóczy, nome da rua onde fica o abrigo, o tempo era outro e a criança separada do convívio familiar era acolhida e cuidada de maneira respeitosa, atenta e individualizada. A ideia era garantir o máximo de estabilidade, observação e previsibilidade, uma vez que se partia do princípio de que o trauma da separação precisava ser, na medida do possível, reparado, e que as crianças deveriam retornar ao convívio familiar o quanto antes (seja com a família de origem, seja pela via da adoção).

Meses depois de assistir ao vídeo, parti para Budapeste para um estágio de observação. Em uma casa vitoriana ampla e iluminada, cercada por um jardim e com enormes varandas superiores com berços de madeira nos quais os bebês dormiam ao ar livre mesmo no alto inverno húngaro, encontravam-se crianças de 0 a 6 anos. A experiência idealizada por Emmi Pikler e transmitida para as próximas gerações de cuidadores, médicos, psicólogos e pedagogos que trabalhavam na instituição levava em conta a realidade de cada criança: sua história, suas particularidades e suas necessidades individuais.

A angústia que se formou durante a visita ao orfanato de minha infância percorreu um longo caminho em busca de respostas sobre algo que se manifestava sob a forma de incompreensão e de dor. E, ao observar, durante um estágio em um abrigo, já no final do curso de Psicologia, como se davam os processos de adoção no Brasil (a devolução de crianças depois de haverem sido adotadas, a dificuldade de comunicação para as outras crianças do abrigo quando uma delas partia com uma nova família, o fato de não haver um ritual que incluísse a criança que estava sendo considerada para o processo de adoção... enfim, a impossibilidade de se considerar as necessidades individuais destes sujeitos que, tão precocemente, haviam passado pelo trauma do abandono e sofriam, ao longo do curso de suas vidas, outras experiências dessa ordem), quis explorar mais profundamente o tema da separação. Nesse período, com base em minha experiência de estágio (agora como jovem estudante de Psicologia), desenvolvi uma pesquisa de mestrado de título *A criança em situação de abrigamento: reparação ou re-abandono?* (Nogueira, 2004).

Alguns anos depois, já mais madura, com um percurso clínico no qual acompanhei muitas crianças, mas também mães e pais com bebês recém-nascidos, e depois de passar pessoalmente pela experiência da maternidade, dei início a uma pesquisa de doutorado na qual me debrucei sobre a construção do vínculo, ou sobre o que chamarei, ao longo deste livro, da adoção do bebê que nasce das entranhas maternas, ou ainda sobre a travessia para a maternidade. A hipótese sustentada parte do princípio de que o vínculo entre a mãe e o bebê que acaba de nascer não é algo instintivo, espontâneo. O bebê que nasce da barriga da mãe (com condições materiais, é preciso dizer, para dele se ocupar) não será devolvido ao Estado, mas isso não garante que o caminho será fácil e natural.

Nesse sentido, este livro representa, em alguma medida, a elaboração de uma urgência infantil que ficou localizada em algum ponto de minha alma, tendo sido costurada a outros retalhos de minha jornada pessoal e profissional. E, como Paul Valéry (1991),

> *Peço desculpas por expor-me assim diante de todos vocês, mas acho mais útil contar aquilo por que passamos do que simular um conhecimento independente de qualquer pessoa e uma observação sem observador. Na verdade, não existe teoria que não seja um fragmento cuidadosamente preparado de alguma autobiografia. (p. 24)*

A costura dos retalhos a que me referi inclui o caminho percorrido pelos abrigos, numa tentativa de compreender as consequências e os desdobramentos do abandono infantil, mas também o desejo de explorar a complexidade da construção do vínculo entre a mãe e o bebê. Mas há ainda um outro elemento essencial deste trabalho, que se refere à minha experiência clínica. Lembro que o trabalho analítico tem como base o vínculo entre paciente e analista e, além disso, é nessa relação que as questões infantis se atualizam para que possam ser tratadas. Assim, a escuta e o acompanhamento de inúmeras mulheres durante a gestação e o pós-parto produziram grande parte das reflexões que compartilho neste livro.

A psicanálise tem como força motriz de sua prática e sustentação teórica a experiência humana, vivida e comunicada, em uma relação de intimidade e, ao mesmo tempo, de distanciamento com um Outro que se dispõe a se fazer presente, em uma escuta atenta, mas também flutuante – paradoxos, como tantos outros constitutivos da condição e das relações humanas. Nesse contexto, falar sobre nascimento, encontro e possíveis desencontros é trazer à tona algumas dessas contradições, uma vez que se trata de explorar uma relação visceral (qual seja, a de um bebê saindo das entranhas da mãe) e todas as dificuldades que a construção desse vínculo possa suscitar.

A cena do nascimento nos apresenta um ser de linguagem, prestes a receber a avalanche da descarga pulsional de um outro ser (que ainda não ascendeu à linguagem) absolutamente frágil, vulnerável e dependente, cuja única necessidade é projetar para fora de si o desconforto impossível de ser nomeado: é o bebê sendo expulso para o mundo aéreo, o mundo das palavras, e sendo esmagado pela força da gravidade e das projeções parentais, cujas intensidades ele ainda desconhece.

O termo mundo, de acordo com Aulagnier (1979), refere-se ao espaço exterior à psique. Para a autora, em princípio, a psique irá encontrá-lo sob a forma de dois fragmentos: um representado pelo espaço corporal e outro pelo espaço psíquico de seu entorno ou, mais especificamente, pelo psiquismo da mãe. Ou seja, dessa perspectiva, compreendemos que a primeira representação que a psique forma de si mesma se dará pelo estabelecimento da relação dos efeitos resultantes do duplo encontro com o corpo e com as produções psíquicas da mãe.

Explicita ainda Aulagnier que o modelo original de Freud, quando confrontado com a psicose, não respondia a uma parte de suas questões, e o modelo de intervenção disponível até então excluía parte de nossa própria vivência. Ora, se não somos psicóticos e se a invenção da psicanálise se deu com base na coragem de um homem de devassar, à vista de todos, seu próprio inconsciente, como pensar o acolhimento, e possível tratamento de um psicótico, uma vez que não se pode partir de uma experiência pessoal de mergulho em seu próprio psiquismo?

Levanto tal questão uma vez que a observação e as possíveis suposições que fazemos acerca do universo psíquico do recém-nascido me parecem tão complexas quanto uma tentativa de mergulho na realidade psicótica. Em ambos os casos, o caminho de aproximação é denso e tortuoso, uma vez que é preciso nos despirmos de nossas certezas, garantidas pelo discurso organizado e coerente. É preciso se deixar perder no outro e acolher nossa dificuldade neurótica de acompanhá-lo em suas angústias, e, muitas vezes, em sua impossibilidade de comunicação, de forma que possa se fazer compreender.

Parece haver uma possível conexão entre o não saber sobre o bebê – este ser misterioso e enigmático, que porta consigo elementos a serem desvendados – e nossa impotência diante do psicótico, que arranca de nós a garantia do controle racional cada vez que nos convoca em nossa humanidade e nos ataca em nosso suposto saber neurótico. E, para suportar a angústia do não saber, lembra-nos

Aulagnier (1979), a relação do analista com a teoria pode ser compreendida "como um processo dinâmico do qual podem-se traçar as grandes linhas passadas, entrever algumas do presente e pouco predizer do futuro" (p. 22).

Partindo desse princípio, a ética analítica consiste, entre outros elementos igualmente importantes, em reconhecer nossa responsabilidade clínica, o que implica compreender e desvendar nossos movimentos internos, movimentos esses que nos impulsionam na direção da produção de um saber vivo, conectado com a prática, mas também com nossa própria história e nossas próprias dores.

O atendimento de crianças (assim como de bebês recém-nascidos e suas mães) revelaram-me dificuldades no pós-parto relacionadas a depressões, problemas para amamentar, crises conjugais, conflitos com as mães (agora avós), entre outros. Dessa experiência, surgiu o desejo de explorar de maneira mais aprofundada o tempo inaugural da vida humana fora do útero e já no colo da mãe.

A escuta do discurso de inúmeras mulheres, ao longo de incontáveis entrevistas antes do início do trabalho analítico, culminou com o desejo de compreender o que o recém-nascido traz consigo e induziu algumas questões: em que ponto se inicia a pré-história deste sujeito em estado de vir a ser? Como os pais constroem a espera? O bebê que chega é o mesmo das projeções e idealizações parentais? E se não for? (E a verdade é que nunca é).

Tais questões nos aproximam de uma reflexão freudiana, quando, ainda em 1905, o autor anuncia que o encontro do objeto é, na verdade, um reencontro. Freud está se referindo às fantasias que remontam à travessia edípica, na qual a criança tenta arduamente ter um lugar como objeto de desejo do pai ou da mãe e, justamente por isso, precisará entrar em contato com a castração. Ou seja, o bebê sonhado e fantasiado é o bebê da idealização infantil, e a realidade nos conta que a mulher que, quando menina, sonhava em ter dois, três, quatro filhos se assusta diante do bebê que agora tem em seus braços e silencia a culpa ao se questionar se será capaz de se ocupar deste primeiro que acabou de chegar: é a realidade das relações humanas se impondo, atropelando violentamente a romantização da maternidade.

A condição de estrangeiro do bebê marcada pelo fato de que ele ainda não pode falar sobre si é um susto e, também, uma convocação. A mãe, nessa fase, tenta compreender o filho, ao mesmo tempo que busca descobrir seu próprio estilo de cuidado e, sem saber, se baseia, de maneira inconsciente, nas experiências muito primitivas vividas por ela na relação com a própria mãe. Para Stern (1992), tais questões nos remetem a algo como perguntar como seria o universo nas primeiras horas após o *big bang*. Diz o autor:

> *o universo foi criado apenas uma vez, enquanto os mundos interpessoais são criados, no aqui, todos os dias, na mente de cada novo bebê. No entanto, ambos os eventos, em fronteiras quase opostas, permanecem remotos e inacessíveis à nossa experiência direta. (p. 1)*

A observação desta díade que tenta gradualmente se ajustar, sincronizando seus tempos e ritmos, ao mesmo tempo que aprende a se comunicar, pode servir de base para pensarmos a relação transferencial. O pensamento psicanalítico tem como base o discurso: a fala de um sujeito que se dispõe a desvelar e a revelar seu mundo interno, com o objetivo de conhecer e desvendar o que lhe é próprio e que, ainda que lhe pertença, não conhece e, mais ainda, não controla. Tal descoberta, que Freud (1917/2014) considera como sendo a terceira ferida narcísica impetrada à onipotência humana, denominada pelo autor "afronta psicológica", refere-se à afirmação freudiana de que o Eu não é mais senhor em sua própria casa. Ora, trata-se aqui do reconhecimento e do contato humano com a realidade que nos constitui: não temos controle sobre nossas ações, estamos à mercê de nosso próprio mistério.

Essa reflexão me parece significativa, uma vez que, se a psicanálise nos coloca em contato com um elemento fundante da condição humana – o fato de o eu não ser senhor de si –, ela propõe outro aspecto fundamental que também nos constitui: para saber de si é preciso de um outro. Proposição esta que nos leva a pensar sobre a condição de dependência, que se inicia no nascimento e acompanha a existência e a condição humanas ao longo de toda a vida.

Nesse sentido, cabe pensar que, se uma aproximação daquilo que nos é próprio e, ao mesmo tempo, nos escapa deverá passar, necessariamente, por um trabalho a dois, assim também é o bebê: em sua condição de absoluta dependência, ele só poderá sobreviver e se organizar a partir dos cuidados de um outro. Assim, a condição *sine qua non* para que a vida humana seja viável é que esta aconteça, inevitável e inicialmente, a dois. Tal proposição representa a metáfora daquilo que vivemos durante o trabalho analítico. Vemos, dessa forma, uma ponte entre o início da vida: o encontro bebê-mãe e o trabalho analítico, marcado pelo encontro paciente-analista, ambos carregados de angústia, de não saber e de complexidade.

Tais questões são validadas por Freud (2013g), ao sugerir que

> *não é raro ouvirmos a exigência de que uma ciência deve ser edificada sobre conceitos fundamentais claros e bem definidos. Na realidade, nenhuma ciência começa com tais definições, nem mesmo as mais exatas. (p. 52)*

Essa reflexão, característica do modo de pensar do autor, localiza a psicanálise no epicentro de uma ampliação do modelo científico, no qual é possível pensar a construção do conhecimento como algo em constante movimento.

Para Ab'Saber (2016),

> *são, precisamente, os fundamentos de um modo particular de conceber e de produzir mundos humanos: a concepção de um plano de realidade aberto, infinito, e incógnito ao mundo imaginário humano... a dimensão experimental que articula e move o dado empírico e a negatividade própria do avanço teórico, onde nada é provado para sempre. (p. 1)*

A psicanálise freudiana tem como paradigma a sexualidade infantil e, mais precisamente, seus efeitos e consequências vividos e, é preciso dizer, recalcados após a passagem pelo Édipo. São os autores pós-freudianos que ampliam a discussão sobre a constituição psíquica, levando em conta as experiências iniciais, quando o terceiro ainda não entrava em cena, sendo a relação com a figura materna e os cuidados oferecidos por ela os responsáveis pela garantia da continuidade de ser do bebê, como propõe Winnicott (1956/2000).

Assim, este livro situa-se justamente no movimento psicanalítico que se inicia em Freud e tem como paradigma a situação edípica, mas vai em busca dos autores pós-freudianos, que levam em consideração as experiências iniciais, vividas mais precisamente a dois (bebê-mãe), e que serão compreendidas e tratadas como fundantes da estruturação psíquica do sujeito.

Com o avanço dos estudos sobre o autismo desenvolvidos por Kanner na década de 1950 e, no mesmo período, as pesquisas de Spitz, que culminam com os conceitos de depressão anaclítica e hospitalismo, observamos que passa a ser concedido ao bebê, a partir de então, o direito ao sofrimento psíquico e, consequentemente, à loucura (Golse, 2003). Assim, a partir desse período, a psicanálise passa a adotar um novo paradigma: a criança deixa de ser olhada somente de uma perspectiva edípica, metaforizada por seu lugar entre os pais, mas a atenção se volta para o bebê no colo da mãe. Vemos aqui, anterior à triangulação edípica, a importância e o foco na díade, outro ponto de ligação e outra metáfora da clínica psicanalítica, que também se dá a dois, em um espaço circunscrito e protegido pelo *setting* terapêutico, assim como o são o útero e o colo maternos.

Dentre os autores que contribuem para esse movimento, estão aqueles que, como Winnicott, analisavam pacientes adultos, ao mesmo tempo que, como pediatra, recebia e observava, diariamente, ao longo de mais de trinta anos, dezenas de bebês junto com suas mães: situação que se constituía em um laboratório de observação e compreensão da relação mãe-bebê.

Para o autor, "não é possível observar um bebê, exceto no sentido de olharmos para seu corpo e vermos seu comportamento" (Winnicott, 1988/1990c). E vai além, ao afirmar que a forma de estudo mais convincente do início da vida psíquica do sujeito provém do contato clínico com pacientes adultos, que regridem ao longo do trabalho analítico, chegando, por vezes, a atingir situações psíquicas limítrofes; ou seja, indivíduos que precisaram chegar a um estado de doença do tipo psicótica no decorrer do tratamento.

Vemos, dessa forma, como a inflexão do movimento psicanalítico, no sentido do início da vida, parece trazer contribuições fundamentais à compreensão da psicopatologia. Mas, para além das questões psicopatológicas mais graves, os estudos deste tempo inicial são profundamente ricos e ampliam, de maneira complexa e enriquecedora, o contato e a compreensão do mundo interno humano.

Nesse sentido, busco retomar aspectos do pensamento psicanalítico relacionados à constituição e à organização do psiquismo do bebê, no intuito de compreender mais profundamente a complexidade vivida pela díade no momento do nascimento. Ou seja, o que é possível observar e compreender dessa relação, na qual não se pode diferenciar o que é de um e o que é de outro, ao mesmo tempo que reconhecemos a singularidade de cada um. Além disso, reflito sobre a clínica psicanalítica e a relação paciente-analista, na qual os movimentos inconscientes de ambos se fazem presentes, produzindo ressignificações e reorganizações para a díade. Afinal, assim como no nascimento, vemos nesse processo dor, luto, transformações, movimentos que buscam criar um circuito para que a pulsão de vida possa circular, ressignificando e integrando os possíveis sentidos de uma existência própria e viva.

Trata-se, portanto, de explorar o nascimento – o movimento de vir à luz, e refletir também sobre o processo de análise –, prática que tem, entre suas funções centrais, o ato de desvelar o material inconsciente potente, desconcertante e também enigmático que funda e move o humano. Nesses dois acontecimentos (nascimento e análise), vemos um ser desconhecido, enigmático, misterioso, que, ao vir à luz, se revela ao Outro e, ao mesmo tempo, o material inconsciente que se desvela na relação com um Outro.

O ato de nascer pode ser descrito como um salto num vazio de sentido: expulso para fora, o recém-nascido precisará encontrar um corpo que seja fonte de alimento e calor. Na outra ponta do cordão, encontra-se a mãe (idealmente, será ela a envolver o rebento). E, nesta espécie de *fort-da* do nascimento, o bebê entra na tempestade das mazelas da cultura. Se tudo correr bem, a mãe pode sair da tempestade para encontrar o bebê em alguma praia. Durante o percurso, porém, nada está garantido: nem o encontro, nem o amor. A certeza inequívoca é de que o bebê precisará de um Outro, e este livro é um convite para discutirmos algumas das infinitas possibilidades que permeiam a complexidade do primeiro de tantos outros encontros (e desencontros) humanos.

Na tentativa de aprofundar algumas das reflexões aqui propostas, fiz entrevistas com mães de bebês recém-nascidos e com até 2 anos e meio de vida, com o objetivo de compreender, a partir de uma aproximação da díade e do discurso materno, a complexidade observada nesse encontro, bem como os possíveis sentidos atribuídos pela mãe a essa experiência. Fiz também uso de vinhetas clínicas: recortes feitos ao longo de meu trabalho no consultório, dos quais pude extrair reflexões importantes sobre o impacto do nascimento de um bebê para o entorno que o recebe, considerando, além disso, elementos dessa experiência para minha própria prática clínica.

Trazer à luz o tema do momento do nascimento e da constituição psíquica do bebê, bem como as possíveis dificuldades do pós-parto, observando atentamente a dinâmica psíquica vivenciada pela díade, pode ser relevante, uma vez que, ao reconhecermos e darmos lugar para o sofrimento psíquico já no início da vida, podemos trabalhar para compreender as possíveis origens de tais dificuldades e atuar no sentido de facilitar o encontro e o acolhimento do bebê e da mãe que acabam de nascer.

Além disso, devemos considerar aquilo que, ao longo deste trabalho, denominarei de *catástrofe do nascimento*, com base em um artigo de Rezende (1999). Termo polêmico e desconcertante, escolhido propositalmente, como forma de colocar luz sobre a ambivalência e a complexidade que marcam e fundam a chegada de um bebê.

A fragilidade física e psíquica da criança, sua dependência absoluta, associadas ao não saber materno, bem como a radical queda hormonal vivida pela mãe no pós-parto, além de todas as questões inconscientes suscitadas e convocadas com a chegada do bebê, contribuem para a formação de tal catástrofe. Arrisco propor, portanto, que nascemos da ambivalência, do pendular, da falta e do preenchimento: nascemos no entre e, ao sermos atirados no vazio da existência, encontramos (se tudo correr bem) o colo materno. E seguimos buscando o encontro, nascendo e renascendo nas experiências humanas de vir à luz e revelar-se para o outro e para nós mesmos.

Tais reflexões levam-nos a considerar, além das dificuldades e ambivalências presentes no início da vida, o fato de que, primeiramente, pensamos a partir do Outro, do qual somos tão completamente dependentes. E só mais tarde seremos capazes de considerar a existência e a significação dele, simbolizado pela figura materna e, a partir dela, as outras figuras humanas à nossa volta, para depois enxergarmos o mundo.

O estado de prematuridade e inacabamento do bebê já nos é evidente e vem sendo, junto com suas competências, há muito estudado. O reconhecimento da voz materna, sua capacidade para seguir atentamente os movimentos da mãe, exercícios motores complexos, entre outros, são exemplos de tais competências observadas e descritas por inúmeros autores (Brazelton, 1984; Cramer, 1993, entre outros) – imagens que nos impressionam, se considerarmos o nível de fragilidade característica do bebê humano.

Assim, vamos nos aproximando dos inúmeros movimentos observados no nascimento do bebê. Se ele tem, entre outros elementos fundantes, a marca da catástrofe, esta será "superada" com base na adaptação ambiental às necessidades individuais de cada criança que entra no mundo. Aproximamo-nos, dessa forma, da importância e significação da figura materna e da relação que ela irá estabelecer com o bebê que chega.

Na condição de bebês, conhecemos as emoções primitivas, mas não temos ainda as palavras necessárias para nomeá-las. Porém, quando adquirimos a linguagem, tais experiências já terão sido esquecidas. Assim, nossa história fica marcada no corpo e, ao mesmo tempo, atada a nossa condição de dependência, mas, para além disso, ao discurso que nos inclui, oferecendo pertencimento e nos concedendo um lugar. Como afirma Costa (2001), nosso corpo é recoberto pela linguagem mesmo quando estamos nus.

Freud (1926/2014) faz uso do termo *cesura* para descrever a separação entre mãe e bebê no momento do nascimento. Para Ciccone (2007), a *cesura* pode ser compreendida como uma das figuras do ponto de contato entre as diferentes partes da personalidade, entre os diferentes tempos históricos de uma experiência, mas também como um dos elementos da intersubjetividade – lugar do desenrolar dos processos de crescimento e desenvolvimento psíquico. Para o autor, a *cesura* é ainda lugar de contato, mas também de separação, estando à mercê das turbulências emocionais que o *eu* deverá conter e organizar desde o início.

Ao me propor a investigar o bebê em sua singularidade, vejo-me impossibilitada de fazê-lo sem levar em consideração o discurso materno. Arrisco dizer, então, que este livro transita justamente nesse lugar de separação e junção, de corte e ligação, afastamento e aproximação, no qual a palavra é um vir a ser, um enunciado enigmático, ainda não decifrado, desconhecido, misterioso, como o ser que acaba de nascer.

A compreensão dos ritmos, dos movimentos, tanto do bebê quanto da mãe, indica a necessidade de aprofundar a construção da experiência da internalização do tempo na vida psíquica do bebê. Além disso, é preciso lembrar que o recém-nascido traz consigo o ponto histórico no qual ele nasce, e esse tempo lhe pertence, apesar de ainda não ter um lugar no Outro.

Os cuidados corporais, carregados de emoção, são, como afirmam David e Appel (1973/1996), cuidados psíquicos; de acordo com Bullinger (2000), o corpo é o berço da linguagem, e a comunicação nasce pela interação mãe-bebê, desde as chamadas protoconversas. Mas e o corpo materno? É preciso lembrar que esse corpo sofrerá mudanças e será palco de acontecimentos complexos e transformadores: um corpo que se expande e retrai, um corpo do qual jorra o alimento responsável pela sobrevivência, um sexo que se alarga para expulsar um bebê, ventre e entranhas que se abrem. As dores, várias delas, físicas e psíquicas, associadas a possíveis invasões, bem como a possíveis violências, merecem ser observadas e exploradas para que, no limite, possam ser cuidadas e, se possível, evitadas.

Neste momento tão singular, no qual as violências impetradas às mulheres não são mais toleráveis, e no qual a obstetrícia evolui para não mais maltratá-las, chama atenção alguns números divulgados pela Fundação Oswaldo Cruz sobre nascer no Brasil. Segundo esse estudo, realizado entre 2011 e 2012, uma em cada quatro mulheres brasileiras apresentou sintomas de depressão pós-parto. Os sintomas foram constatados no período entre seis e dezoito meses depois do nascimento da criança. A pesquisa aponta que a prevalência de depressão pós-parto no país é mais elevada do que a estimada pela OMS para países de baixa renda, em que 19,8% das parturientes apresentaram transtorno mental, sendo em sua maioria a depressão.

Trata-se do maior estudo sobre parto e nascimento já ocorrido no Brasil, tendo sido realizado no âmbito da pesquisa *Nascer no Brasil*. Um dos dados que mais chama atenção refere-se ao número excessivo de cesarianas, que varia entre 52% em hospitais públicos e 88% no setor privado. A pesquisa sinaliza, ainda, a persistência de intervenções invasivas e dolorosas, atualmente consideradas desnecessárias, como episiotomia, manobra de Kristeller (intervenção que consiste em aplicar pressão na parte superior do útero com o objetivo de facilitar a saída do bebê), uso do hormônio ocitocina para indução de parto, menor frequência de utilização de analgesia quando necessário, entre outros fatores.

Um dado da pesquisa em relação à questão da saúde mental refere-se a uma pergunta sobre a ocasião da alta médica. Nesse item, foi possível observar uma relação entre o desenvolvimento dos sintomas de depressão e a pior qualidade no atendimento hospitalar. Ou seja, as mulheres que avaliaram o atendimento como ruim tiveram probabilidade duas vezes maior de apresentar sintomas de depressão em relação àquelas que avaliaram o serviço como muito bom. Algumas questões são levantadas pelos próprios pesquisadores: a avaliação negativa estaria relacionada a uma depressão já instalada? Ou seria o contrário: a falta de cuidado e sensibilidade por parte da equipe teria contribuído para o agravamento de um quadro depressivo, suscetível de aparecer no momento do pós-parto? Observamos, dessa forma, as dificuldades enfrentadas pelas equipes para o acolhimento do caos que inevitavelmente se faz presente quando um bebê nasce.

Tais constatações me fazem lembrar de um relato do psicólogo Vicente Saldanha, que havia trabalhado diretamente com a psiquiatra Nise da Silveira, no Centro Psiquiátrico Pedro II, no Rio de Janeiro. Vicente conta que uma das enfermeiras da equipe do hospital havia convidado os colegas de trabalho para a comemoração do nascimento do neto, dias antes. Em uma típica festa do morro carioca, regada a feijoada e samba, lá foram todos celebrar o nascimento. Em meio à música e à alegria, o psicólogo decide deixar a festa e entrar na casa de sua colega de equipe para conhecer o bebê. Qual não foi sua surpresa ao se deparar com uma mãe assustada e profundamente desorganizada, com sinais de psicose puerperal, como pôde depois constatar. Tal relato, paradoxal em imagens e sons, remete-me à complexidade do samba: tão exuberante, tão complexo, tão alegre, carregando em si a dor da existência humana, marcada por seus encontros e desencontros.

Parece residir aí um elemento central a ser explorado na atuação das equipes que atuam na primeira infância: é preciso falar sobre a dor. É preciso saber reconhecer a tristeza, é urgente dar espaço para que a ambivalência possa ser acolhida e cuidada. Sem reconhecimento por parte das equipes de cuidado de que é preciso observar atentamente o estado emocional da mãe no pós-parto, bem como os sinais que o bebê emite, corremos um sério risco de sermos coniventes com a ideia de que o amor materno é instintivo e natural. E isso já é, em si, uma forma de violência.

Trata-se, por assim dizer, de explorarmos a possibilidade de uma ética de cuidado e consideração: respeito aos corpos, seus ritmos e integridade – corpos em estado de vir a ser, é preciso lembrar: o corpo do bebê, prestes a receber as inscrições parentais, prestes a ser investido (e invadido?) libidinalmente; e o corpo da mulher que se preenche e se esvazia, para ser novamente preenchido pelo leite que será vigorosamente consumido – experiência humana complexa, muitas vezes dolorosa, na qual, novamente, observamos a tentativa de dois seres se ajustarem um ao outro.

Tais reflexões são um convite à exploração e discussão sobre os efeitos do nascimento do bebê no psiquismo materno: é preciso compreender a mudança de identidade pela qual a mulher passa ao dar à luz. Para tanto é preciso estarmos atentos e observarmos como a mãe organiza os recursos para lidar com este evento revolucionário e transformador, tendo, ao mesmo tempo, de cuidar de um ser absolutamente dependente. Fazer caber o filho em seu mundo e em seu psiquismo, além do trabalho hercúleo de fazer vingar o mais dependente e prematuro de todos os animais, são tarefas extremamente complexas, sobre as quais pouco se fala, seja em obstetrícia, pediatria, enfermagem ou mesmo em psicologia.

As entrevistas realizadas durante a pesquisa me colocaram diante de mulheres que desejavam compartilhar a experiência do parto, seu processo em busca do obstetra, do lugar ideal para dar à luz o filho gestado. Além disso, se fez muito presente o desejo de narrar episódios da história pessoal de cada uma: a relação com a própria mãe, com o pai do bebê, as dificuldades iniciais com a amamentação, as mudanças no cotidiano do trabalho, a redefinição do lugar social trazida pela maternidade.

A partir das entrevistas, foram ficando evidentes os efeitos psíquicos provocados pela chegada do filho, afetando as relações pessoais e profissionais. Entre outras situações, a maternidade provocou crises conjugais, sentimento de solidão, depressão e reedição das dificuldades vividas com as próprias mães (agora avós).

Além disso, a escuta dos relatos permitiu acessar um dado importante da realidade brasileira: o parto normal, no Brasil, pode ser concebido como um segredo a ser desvendado. E, ao ir em busca de respostas para esse fenômeno, descobri, também, que os índices de cesárea vêm ascendendo mundialmente. Pareceu-me, então, importante discutir e refletir sobre mais este aspecto do nascimento.

O processo investigativo me levou à interlocução com autores que discutem a maternidade e o parto, do ponto de vista da mulher, e me convocou também a revisitar alguns conceitos centrais da psicanálise atual, sendo um deles o de preocupação materna primária, proposto por Winnicott (1956/2000). Segundo o autor, as mulheres entram nesse estado de conexão com o bebê que estão gestando, preparando-se para recebê-lo e se desconectando do que é menos importante no cotidiano, como aspectos relacionados ao trabalho diário, cálculos matemáticos ou raciocínios intelectuais.

A questão que surgiu, a partir das entrevistas e de meu percurso teórico, foi a seguinte: mas e a mãe que não entra tão facilmente nesse estado? Afinal, é preciso considerar o fato de que não só a maternidade, mas também a feminilidade são, atualmente, fenômenos muito distintos daqueles experienciados pelas mulheres no início e meados do século XX.

Para ilustrar tal proposição, retomo um aforismo freudiano acerca da feminilidade:

> *Talvez ocorra que na mulher, derivando de seu papel na função sexual, uma preferência pela conduta passiva e metas passivas se estenda em maior ou menor grau na sua vida, conforme se restrinja ou se amplie esse caráter*

> *modelar da vida sexual. Mas nisso temos que atentar para não subestimar a influência da organização social, que igualmente empurra a mulher para situações passivas.* (*Freud, 2013f, p. 268*)

Não obstante o fato de questionar o modelo de organização social como fator influenciador do modo de organização psíquica da mulher, e sua possível tendência à passividade, mais à frente, no mesmo texto, o autor afirma que "os interesses sociais das mulheres são mais fracos e sua capacidade de sublimação é menor que nos homens" (Freud, 2013f, p. 292).

Vemos, dessa forma, como a visão sobre a mulher, a sexualidade e, inevitavelmente, a maternidade estavam circunscritas a um modo de vida histórico-sociológico que precisa ser localizado temporalmente, de forma que possamos revisitar posições e afirmações acerca do funcionamento psíquico relacionado à maternidade que, em princípio, determinam ou definem algo que vem passando por transformações significativas. Nesse sentido, cabe perguntar se não devemos levar em consideração o fato de que o ritmo materno, nos dias atuais, é necessariamente outro, assim como as demandas internas e externas. Tal constatação nos conduz de forma inevitável à necessidade de revermos a forma como pensamos o início da vida e a relação da mãe com seu bebê.

Assim, o contexto geral desta escrita se anuncia desafiador, tortuoso, porém necessário, para não dizer urgente. Nesse sentido, proponho desenvolver a ideia de que o nascimento humano é complexo, uma vez que o fator biológico não é garantia de que a mãe será capaz de acolher o bebê que gestou. Para tanto, exploro os elementos paradoxais presentes no nascimento: amor, ódio, nascimento, morte e elaboração do luto, presença do bebê e solidão materna, desejo e medo. Busco, também, defender a tese de que o nascimento humano é um acontecimento fisiológico, mas que deve ser observado e tratado como um fenômeno psíquico, que demanda atenção e cuidado.

Finalmente, me parece essencial explorar a questão da contemporaneidade, ou seja, a forma como o ritmo de vida na atualidade influencia na maternagem, uma vez que tal conceito está profundamente relacionado à construção de um ritmo, no qual mãe e bebê, a partir das interações, vão em busca da sintonia necessária para ajustarem-se um ao outro.

1. Nascer e morrer: dar à luz os paradoxos

No primeiro dia, a gente conseguiu que não dessem banho nele, porque eu queria que ficasse o vérnix. No segundo dia, foi impossível dialogar com aquelas mulheres [enfermeiras], que entravam todo o tempo. Entravam assim, nem bate na porta, vai entrando, vai saindo. Aí eu sei que chegou uma hora que estava a seguinte cena: ela [enfermeira] veio pra ensinar a gente a dar banho, então ela pegou o Luiz e quando eu vi ele era um frango, que ela enfiava num negócio e falava: "não, ele gosta de chorar", e ele se esgoelando. Daí, veio uma outra mulher [enfermeira] que entrou, pegou meu peito, começou a espremer pra ver se tinha leite. Eu falei, "gente, ali tá um frango e aqui tá uma vaca", porque aqui não tem nenhuma pessoa, aqui não tem uma pessoa, não tem uma pessoa. (Telma, mãe de Luiz, de 1 ano de idade)

Como falar, no contexto do nascimento, de violência, falta de respeito, comportamentos invasivos, excessos, em se tratando de um momento marcado, supostamente, por idealizações e cuidado? Mais ainda, como falar de ambivalência, ódio, sofrimento, se sabemos, desde Freud, que o objeto do primeiro e do mais forte dos amores é, para ambos os sexos, a mãe? Neste contexto de excessos e manifestações inconscientes fortes e, por vezes, avassaladoras, cabe perguntar em que consistiria isso que denominamos de amor primordial e, mais do que isso, se o investimento no objeto não estaria profundamente ligado às questões narcísicas, de desejo de mudança e transformação da própria história. Refiro-me aqui à mãe (em função do recorte feito neste trabalho), mas, obviamente, tal questionamento se aplica também à figura paterna.

Essas reflexões trazem à luz o significado do que, em psicanálise, chamamos de amor primário. Colocar em questão a maneira como este é vivido nos permite abrir caminhos para refletir sobre as ligações entre amor e ódio, questões de desejo e sua realização, de destino do arcaico, considerando também o objeto,[1] que pode, inclusive, ser decepcionante.

A partir de tais considerações exploro, neste capítulo, os possíveis sentidos disto que chamamos corriqueiramente de amor materno, mas levando em conta o ódio e a ambivalência que também se fazem presentes no encontro e na experiência humana. Além disso, abordo as defesas que podem se organizar no psiquismo do entorno das equipes que participam dos procedimentos e cuidados que envolvem o nascimento, tal qual podemos observar na fala de Telma, ao

---

1 Em psicanálise, o termo refere-se ao objeto de investimento afetivo. Neste caso, o bebê que já foi fantasiado e sonhado durante a gestação agora se materializa neste receptáculo das projeções dos pais. É preciso lembrar, no entanto, que a criança que acaba de chegar não corresponde, obviamente, àquela das fantasias parentais, quando ainda se encontrava protegida no ventre materno.

descrever o comportamento das enfermeiras durante sua estadia no hospital no contexto do nascimento do filho.

Se formos falar de amor, precisaremos falar de ódio

> *As crianças chatas*
> *Não posso. Não posso pensar na cena que visualizei e que é real. O filho que está de noite com dor de fome e diz para a mãe: estou com fome, mamãe. Ela responde com doçura: dorme. Ele diz: mas estou com fome. Ela insiste: durma. Ele diz: não posso, estou com fome. Ela repete exasperadamente: durma. Ele insiste. Ela grita com dor: durma, seu chato! Os dois ficam em silêncio no escuro, imóveis. Será que ele está dormindo? – pensa ela toda acordada. E ele está amedrontado demais para se queixar. Na noite negra os dois estão despertos. Até que, de dor e cansaço, ambos cochilam, no ninho da resignação. E eu não aguento a resignação. Ah, como devoro com fome e prazer a revolta. (Clarice Lispector, 1967)*

Badinter (1985), em um trabalho relevante e, é preciso dizer, essencial para pensarmos as relações primárias, revisita o tema do amor no reino humano e é categórica ao afirmar que, nesse contexto, tal sentimento não é simplesmente uma norma:

> *Nele intervêm numerosos fatores que não a respeitam. Ao contrário do reino animal, imerso na natureza e submetido ao seu determinismo, o humano – no caso, a mulher – é um ser histórico, o único vivente dotado da faculdade de simbolizar, o que o põe acima da esfera propriamente*

> *animal. Esse ser de desejo é sempre particular e diferente de todos os outros. Que os biólogos me perdoem a audácia, mas sou dos que pensam que o inconsciente da mulher predomina amplamente sobre os seus processos hormonais. Aliás, sabemos que a amamentação ao seio e os gritos do recém-nascido estão longe de provocar em todas as mães as mesmas atitudes. (p. 16)*

Marina, mãe de Carla (4 anos) e Tiago (1 ano e meio), ao relatar o início da amamentação do filho, coloca, em palavras e em experiência, o que Badinter busca desconstruir, ao tratar de forma singular e humana do início da construção do vínculo da mãe com seu bebê:

> *Mas eu tinha que dar de mamar, eu precisava dar de mamar e aí eu lembro dele vir mamar, agora eu não lembro qual era, mas tinha um peito que estava muito machucado e eu lembro dele vir e eu começar a hiperventilar. Porque doía muito, doía muito... Depois que ele pegava, passava alguns segundos de muita dor. Em seguida dava tudo certo, até esquentar ali. Então eu começava a ficar muito nervosa, daí não podia ter ninguém em volta: "não, sai todo mundo, sai todo mundo..." Não conseguia falar... E aí o meu marido trazia ele, daí eu preparava, daí às vezes eu falava: "não, tira, tira!" Daí, daqui a pouco ele voltava: "agora vem, agora vem, eu tô concentrada. Puta que pariu!" Aí mamava, ele ficava um tempão, mas assim, foi difícil amamentar. Amamentar foi difícil pra caramba. Muito difícil.*

Marina tem clareza quanto a seu desejo de amamentar o filho. Segue firme em seu propósito de "precisar dar de mamar" – fala que explicita o desejo que se mistura à necessidade e àquilo que acredita que é o melhor para seu bebê (assim como para ela como mãe). Mas expressa também os desafios humanos de tal tarefa, ao se deparar com a dor – dor que, por vezes, a desorganiza, confunde e desconstrói a idealização. Depois de muito sofrimento, de considerar desistir, de chorar sozinha diante do dilema, descobre uma pomada à base de gordura de picanha que restaura seus mamilos e permite, finalmente, a amamentação sem dor. Depois dessa descoberta milagrosa, espalha a notícia e se propõe a explicar o preparo para todas as mulheres que conhece e que sabe que estão passando pela mesma situação. É preciso ser solidária. Só quem sofreu o dilema da dor sabe que amamentar não é tão natural ou simples quanto parece. A culpa, a sensação de fracasso, de incompetência e impotência, misturada ao desejo de conseguir, mais o medo do julgamento externo levam a mulher a viver silenciosamente o dilema entre aquilo que planejou, sonhou e idealizou e a imposição da realidade por vezes imprevisível e excessivamente dolorosa.

De acordo com Kehl (1928/2008), se considerarmos o quão recente é, para as mulheres, a possibilidade de separação entre vida amorosa, vida sexual e procriação, observamos que, não faz muito tempo, as mulheres tinham como função central de suas vidas o papel da maternidade. Cabe pensar como o tabu da virgindade, presente há até pouco tempo como elemento importante nos núcleos familiares tradicionais, seria responsável por manter as mulheres e a sexualidade feminina circunscritas a limites institucionais, sendo tratada, até bem recentemente, como algo da ordem da procriação.

A discussão mais atual que ilustra a forma como lidamos com temas como sexualidade feminina e maternidade pode ser representada pela grande dificuldade de se fazer uma discussão justa e aberta sobre o tema do aborto no Brasil. Ou se considerarmos que ainda se discute se mulheres e homens têm direito a receber o mesmo salário, uma vez que elas engravidam.

São, de fato, temas que se interligam e nos fazem pensar que não podemos analisar os fenômenos humanos observando-os de um único ponto de vista: falar de nascimento é falar do feminino, é falar, em termos histórico-sociológicos, de feminismo, de neurose e de mudanças radicais que, no limite, implicam morte e luto. Vemos, nesse sentido, alguns dos paradoxos que se manifestam no nascimento de uma criança, observados, por exemplo, no comportamento claramente defensivo de uma enfermeira que, ao se propor a demonstrar aos pais como dar um primeiro banho no bebê, se afasta emocionalmente da cena, deixando prevalecer somente a técnica. O que podemos inferir, a partir do relato da mãe, é que o bebê é um mero objeto, ou melhor, "um frango". Afinal, tratá-lo levando em conta sua subjetividade, bem como sua dependência absoluta, pode se converter em um contato excessivamente ameaçador, tal a fragilidade que representa, tamanha a demanda de cuidado e investimento que exige.

Podemos pensar que, talvez, para a enfermeira, a tarefa que envolve olhar, acolher, preocupar-se com o choro e a singularidade deve estar circunscrita aos pais, para os quais ela provavelmente também não se sente em condições de olhar. Talvez porque, do lado deles, também há fragilidade, bem como uma sequência de não saberes, de angústias, de elementos humanos transgeracionais reativados com a chegada do novo que demanda, convoca e exige: atenção, cuidado, presença, disponibilidade.

Ao levar em consideração os aspectos histórico-sociológicos que marcam a forma de nascer e que, consequentemente, farão parte da tecelagem da existência humana, parto do princípio de que o nascimento é um evento que conjuga natureza e cultura. Trata-se de um acontecimento fisiológico, mas que, em se tratando da condição humana, deve ser tratado como um evento psíquico, no qual se observa uma tensão de resistência que não se resolve nem no biológico nem no social. Assim, isso que parece tão natural precisa encontrar um sentido para que não se torne mortífero: nascer e fazer nascer, no reino humano, é também subverter a natureza. Por subversão da natureza podemos retomar a cena da mãe que deseja amamentar, mas sofre de dor e não consegue simplesmente abrir mão de fazê-lo. A culpa, a vergonha, a sensação de fracasso são elementos que a invadem e complexificam sua decisão. Ou, ainda, se considerarmos, por exemplo, o número significativo de depressões pós-parto que atingem as mulheres neste momento da vida.

Para ilustrar tal pensamento, cito alguns dados: segundo Hartman, Mendoza-Sassi e Cesar (2017), há uma variação de prevalência dos quadros depressivos entre os países, sendo as taxas mais elevadas encontradas nos lugares menos desenvolvidos. Em países em desenvolvimento, o número pode chegar a 20% e, nos mais desenvolvidos, varia entre 5% e 30%. No Brasil, segundo os autores, estudos realizados indicam que entre 30% e 40% das mulheres atendidas em unidades básicas de saúde apresentaram sintomas depressivos.

Ou seja, esse evento que, em princípio, é um acontecimento biológico, de perpetuação da espécie, é marcado, entre outros fatores, por um quadro psíquico importante, que atinge um número significativo da população. Parece, pois, relevante buscar possíveis relações entre a forma como se dá o acolhimento do bebê e os cuidados a ele oferecidos e a história de vida da mãe (e do pai) – fatores que influenciam os movimentos psíquicos observados no pós-parto (para citar um dos elementos da tal tecelagem da existência humana a que me referi anteriormente). O que quero dizer é que, ao revermos a naturalidade desse evento, abrimos espaço para questionar como se dará o laço entre a mãe (e o pai) e seu bebê, para além do elemento biológico, desconstruindo a ideia de que a disponibilidade e o cuidado ocorrerão de forma natural e instintiva.

É essencial também levarmos em conta os efeitos da contemporaneidade, do estilo de vida e das mudanças sociais aos quais as mulheres devem fazer face na atualidade. Tais fatores têm impacto direto na relação com o bebê, uma vez que o conceito de tempo, de espera, assim como o ritmo de vida são fenômenos muito marcantes nessa fase inicial da existência, ao mesmo tempo que têm se transformado radicalmente, trazendo novas convocações ao psiquismo humano.

Prat (2008/2018), ao se referir à maternidade, afirma que isso que podemos chamar de trauma pode se dar em vários estágios, mas seu significado geral tem a ver com o fato de que, ao nos tornarmos pais, somos confrontados com uma responsabilidade total e definitiva, da qual não podemos escapar. Mais do que isso, tal convocação submete o psiquismo da mulher a uma carga emocional muito particular, que deve ser observada com atenção. Ou seja, a escuta atenta dos relatos, a observação da cena do nascimento, o olhar para a dinâmica que se instala entre a mãe e o bebê, como também entre o casal, me parecem exercícios ricos e essenciais para a compreensão e o aprofundamento desses movimentos psíquicos. Há, de fato, muito ainda o que aprender sobre o ato de dar à luz entre os humanos, de modo que possamos desnaturalizá-lo e, com isso, oferecermos o cuidado e a escuta necessários.

O relato de Telma sobre os primeiros minutos de encontro com o filho parece ilustrar isto que chamo de necessidade de desnaturalização do nascimento e do que se entende, genericamente, como amor materno:

> *E aí a médica abriu o pano e me deu ele e ele logo parou de chorar. E daí eu olhei pra ele e a primeira coisa que eu pensei foi: então é você que estava lá dentro? Seja bem-vindo ao mundo. Tô aqui e a gente vai criar esse caminho juntos. E daí logo no segundo seguinte eu olhei e falei assim: ele tá roxo! Eu não sabia que os bebês nasciam roxos. Eu sei muito pouco sobre bebês, entendeu?*

> *Meu Deus, eu esperei demais, eu não consegui fazer meu bebê nascer bem. Aquela culpa, né? E aí eu voltei pra casa com ele assim, mas sabe aquele negócio, assim, ah, eu vi ele e foi um amor, um amor excepcional e eu comecei a chorar de amor e tal. Nada disso aconteceu comigo, apesar do discurso da minha mãe sobre mim ser esse. Comigo nada disso aconteceu. Eu vi, eu dei as boas-vindas pra ele, eu falei eu tô aqui pra te cuidar, a gente tá aqui pra se cuidar, a gente vai se conhecer e tal, mas não sabemos o que vai acontecer...*

Telma admite o não saber e, mais do que isso, reconhece o susto, o impacto do primeiro contato com um bebê com cores de um ser que ainda não respira de forma autônoma. Fala de sua fantasia de não ter sido capaz de produzir um bebê saudável, uma vez que nasceu "roxo". Pensamentos que a invadem nos milésimos de segundo iniciais que marcam seu primeiro encontro com o bebezinho que sai de suas entranhas e que, ao parar de chorar, ao se aproximar da mãe, dá sinais de já a reconhecer. Admite, também, que não sabe ainda muito bem definir o que sente nesses momentos iniciais, mas se dispõe a cuidar e ser cuidada, deixando em aberto o espaço para a construção da relação e abrindo mão das idealizações.

Telma diz se reconhecer como artista desde sempre, e em seu relato aparece uma sensação persistente, que a acompanha ao longo da vida, de não saber fazer as coisas direito, diante de uma mãe prática e controladora. Em seu processo criativo e livre, o controle invasivo da mãe sempre surge como elemento que incapacita, invalida e sufoca. No discurso da mãe, segundo me conta, tudo que ela (Telma) faz sempre pode ser feito melhor ou de outra forma. E, na gestação, tais fantasias tomam forma ao imaginar que não seria capaz de gestar um bebê inteiro, saudável. Imaginava um bebê com algum membro faltando ou com alguma síndrome. Quando nada disso se concretiza, e o bebê finalmente nasce e vem para seus braços, a cor passa a ser o elemento de pavor que a invade. Ela precisa de tempo pra acreditar que está tudo bem. Ela vai precisar de tempo para construir sua condição de mãe.

Seria a gestação outra forma de submissão do corpo feminino?

A histeria, sofrimento psíquico que impulsiona o surgimento da psicanálise, tem como raiz a sexualidade feminina. Frutos da repressão, as insatisfações e seus consequentes desdobramentos neuróticos puderam, finalmente, ser comunicados e tratados. Se tomarmos o corpo feminino como lugar de representação, a partir dos sintomas conversivos, devemos observá-lo e tratá-lo considerando, também, o fato de que é nesse mesmo corpo que outra vida é gerada e gestada: corpo como lugar de sintoma, corpo que se presta à procriação. Fato que pode nos levar a conceber a gestação de um bebê como mais uma forma de submissão desse corpo.

Iaconelli (2013) retoma os elementos antropológicos relacionados à questão do feminino e da maternidade atentando para o fato de que o equilíbrio demográfico dos povos, para citar um exemplo, era uma questão de sobrevivência que concernia ao grupo como um todo, não estando restrito aos interesses individuais:

> *ou seja, quando e com quem conceber são situações cuidadosamente normatizadas e administradas. A virgindade, a abstinência, os contratos maritais, o aborto e o infanticídio sempre foram práticas rigidamente observadas em todas as épocas e em todos os grupos sociais, sendo o poder sobre o corpo da mulher a forma fundamental de se fazer tal controle. (p. 31)*

A autora recorre a Françoise Héritier (2005), antropóloga francesa, em um livro no qual explora os sentidos das diferenças entre os sexos e questiona as razões que teriam levado à supremacia masculina como regra, ao longo da história humana. Para Héritier, a reprodução e, sobretudo, suas diferentes funções teriam sido elementos fundamentais para a manutenção do poder masculino em detrimento do feminino. Além disso, a fecundidade feminina teria sempre sido controlada e apropriada pelo domínio masculino.

Tal digressão antropológica é significativa, pois acrescenta um elemento problematizador do nascimento, uma vez que nos aproxima, historicamente, dos diversos sentidos que a reprodução, os cuidados e a relação de dependência do bebê podem ter para a mulher. Parece, então, pertinente buscar desconstruir a ideia de que o nascimento e a relação de dependência possam ser tratados como acontecimentos simplesmente naturais e fisiológicos, considerando que o ser humano, constituído na e pela linguagem, subverte constantemente as leis e a lógica da natureza.

Já Elisabeth Badinter (1985) propõe que o amor materno é um mito; a autora diz que os defensores do amor materno são os mesmos que acreditam que a existência humana só se modifica em sua superfície.

> *A cultura não passa de um epifenômeno. Aos seus olhos, a maternidade e o amor que a acompanha estariam inscritos desde toda a eternidade na natureza feminina. Desse ponto de vista, a mulher é feita para ser mãe, e mais, uma boa mãe. (p. 15)*

De um ponto de vista psicanalítico e levando em conta a ética do trabalho em saúde mental, é nossa tarefa revolver as bases originárias da maternidade, considerando o peso das ideologias sobre o casal, sobre a família e, especificamente neste trabalho, sobre a figura feminina e o elemento biológico e constitutivo de procriar, gestar, cuidar, maternar, amar (e/ou não amar) o filho que nasce. Ainda segundo Badinter, temos, enquanto psicanalistas, o dever de deixar a universalidade e a necessidade circunscritas ao reino animal. Nossa tarefa é admitir que "a contingência e o particular são o apanágio do homem" (p. 16).

Kehl (2008) lembra que a constelação edípica é uma estrutura psíquica que tem como base os elementos históricos e sociológicos das organizações familiares do século XIX. Ou seja, em um modelo patriarcal no qual as mulheres ficavam atadas, historicamente, à tarefa de gestar e cuidar das crianças, restava-lhes o gozo de criarem filhos dependentes. A autora lembra ainda que essa relação perdurava para muito além da fase da dependência necessária para a constituição psíquica do sujeito. Ou seja, esta mãe, detentora de todos os objetos de satisfação, acabava ocupando um lugar de muito poder, uma vez que não lhe restavam interesses que a permitissem abrir os caminhos para que os filhos pudessem se desenvolver e cortassem, por eles mesmos, o cordão umbilical imaginário que os atava simbolicamente à figura que lhes deu a vida.

Tal reflexão nos permite uma aproximação de uma proposição que aparece e reaparece na obra freudiana, mas cuja conceituação permanece indefinida: a noção de domínio, cujo termo alemão é *Bemächtigungstrieb*.

O domínio do objeto e as amarras do corpo e da alma

Os mitos concedem às mães o poder de assegurar a fecundidade da terra e, em seguida, da raça humana, mas nem sempre conseguem explicitar o domínio que a mãe pode exercer sobre aqueles a quem ela deu a vida – é o que nos diz Couchard. O termo, segundo a autora, foi, em princípio, traduzido como "instinto de possessão" ou ainda "pulsão de controle".

Laplanche e Pontalis (2004) denunciam certa imprecisão nas duas expressões e propõem uma tradução que consideram mais fiel, a de *pulsão de dominação*:

> *denominação utilizada em algumas ocasiões por Freud, sem que seu emprego possa ser codificado com precisão. Freud a entende como sendo uma pulsão não sexual, que só secundariamente se une à sexualidade e cuja meta é dominar o objeto pela força. (p. 398)*

Segundo Couchard (2003), a noção aparece sob diferentes formas na obra freudiana, adquirindo, a partir de 1920, um aspecto mais trágico, ao ser articulada à pulsão de morte, por meio do sadismo que impulsiona o indivíduo a dominar o objeto no ato sexual. Para a autora, o sadismo encontra sua exacerbação no contexto de certos estados amorosos, nos quais o desejo de domínio flerta perigosamente com a pulsão de destruição, em um sonho de fusão e separação megalomaníaca. Afirma ainda que a relação intrínseca entre amor e ódio comparece em um sem-número de obras literárias, e faz uma provocação, ao constatar que uma "censura protetora" se apressou em classificá-las nos infernos das bibliotecas. Diz ainda que os estudos clínicos acerca do tema tendem, com frequência, a destacar somente os aspectos psicopatológicos, o que garante uma cisão asseguradora entre um comportamento amoroso considerado "normal", em contraposição àquele infiltrado por fantasmas perversos.

A autora segue, afirmando que é preciso fazer justiça quanto aos estudos a respeito da pulsão destrutiva e sua relação com a maternidade, uma vez que tais trabalhos se devem a uma analista bem esquecida, mas cujos escritos testemunham que ela foi a primeira, ainda em 1911, a demonstrar uma ligação inextrincável entre pulsão erótica e pulsão de morte. Sabrina Spilrein, objeto de forte rivalidade entre Jung e Freud, apoia-se em exemplos clínicos e faz uso de ilustrações mitológicas para explorar o tema da ambivalência, sentimento sempre presente na relação dos pais com os filhos. Segundo Couchard (2003), ao lermos a análise feita por Spilrein, sentimos o impacto da angústia contida na imagem da maternidade, pois para a mulher, bem mais do que para o homem, seu destino de mãe é responsável por lhe render a morte familiar e a maternidade a impulsiona, inevitavelmente, na direção da morte. "Nossos descendentes tornam-se assim nossos mais temíveis inimigos e nós nunca os alcançaremos, porque eles sobreviverão a nós e terminarão por remover o poder de nossas mãos enfraquecidas" (Spilrein, 1981, p. 214, tradução nossa).

Telma, durante a entrevista, traz elementos significativos de sua história familiar e de seu processo de elaboração, ao longo de um trabalho terapêutico anterior à gestação, no qual compreende e integra aspectos significativos de sua história. Entre eles, menciona um quadro de menopausa precoce que acomete as mulheres da família e o difícil tratamento pelo qual ela e a irmã passaram para conseguir engravidar.

> *E daí, nessa terapia eu entendi o seguinte: a minha mãe, quando ela nasceu, ela... não era um bebê querido. Não foi uma pessoa que a mãe dela desejou. A mãe dela dizia pra ela coisas do tipo: "ah, eu só engravidei de você porque assim eu não tinha mais que ir pra casa da minha sogra. Você só existe no mundo pra atrapalhar a vida das pessoas". Enfim, é um show de horror essa mulher que foi a mãe da minha mãe. Que deve ter sido uma mulher bem mal-amada também.*
>
> *E durante todos esses anos que a mãe da minha mãe viveu, ela [a mãe de Telma] ficou tentando obter o amor*

> *dessa mulher... que ela nunca obteve, porque a mulher cagava pra ela. E daí o que ela fez, ela se casou com um cara que cagava pra ela que nem os pais. Escolheu o cara que não dava a mínima pra ela [Telma se refere a seu pai]. E quando ela ficou grávida de mim, eu... era aquela pessoa que tinha que fazer ela feliz, porque ela não tinha encontrado isso na mãe, nem no pai, nem no esposo... e daí ela fez uma pessoa pra conseguir tapar esse buraco, entendeu? Então, desde bebê, eu era "supposed to" cuidar da minha mãe. Ela esperava que eu que amasse ela e que dessa a acolhida que... cuidasse dela como um bebê, entendeu? Só que nisso, eu nunca fui acolhida, porque eu não tinha capacidade emocional nem psíquica de fornecer isso pra minha mãe. Então... eu sempre me senti uma má filha, porque ela me olhava como se eu fosse uma pessoa que não desse o amor pra ela que ela esperava. Primeiro que assim, minha mãe é uma pessoa que nem acha que merece amor, porque a mãe dela ensinou isso pra ela. Então a forma que ela tinha de estabelecer essa conexão de amor, era de fazer com que... ela faz com que a outra pessoa se sinta na obrigação de devolver alguma coisa que ela deu. Ela faz as coisas, mas ela sempre te atira na cara, porque daí você se sente mal, porque você não é espontâneo em... Na verdade isso não é amor. Porque amor pra mim é deixar fluir. Você ampara e deixa fluir. O que ela faz é que ela agarra e tenta segurar o mais apertadinho possível. E eu acho que eu senti isso muito, desde sempre.*

Ao contar a história de seu filho, Telma retoma sua própria origem, sua própria história de concepção e, inevitavelmente, a relação com sua mãe. Relação na qual se sente usurpada de sua subjetividade, ficando atada às fantasias da mãe, que influenciam e marcam sua capacidade de se sentir livre para viver suas experiências, sem culpa e sem medo. Vemos o domínio exercido pela mãe, impresso na forma como Telma compreende e internaliza aquilo que recebeu. Conta, ao longo da entrevista, sobre o suicídio da avó materna, a tentativa de suicídio da mãe e, em seguida, sobre sua própria tentativa de tirar a vida, numa repetição da dificuldade de encontrar sentido em sua existência, fora deste ciclo de violência, dominação e falta de investimento amoroso.

Ao descrever o tratamento recebido na maternidade logo após o parto, refere-se à cena dizendo que ali não havia seres humanos: ela era uma vaca e o filho um frango. Sensível às intrusões, sensível pela nova condição que começava a se instalar em sua vida e em seu psiquismo, Telma viu-se à mercê das mãos invasivas das enfermeiras e com claras dificuldades para se proteger e proteger seu bebê.

Atada ao discurso materno, que invalidava, de maneira constante, sua individualidade e, inevitavelmente, sua criatividade, Telma precisa lutar de forma árdua para se libertar desse lugar "apertadinho" no qual a mãe insistia em colocá-la. Vive uma aridez relacional que deixa, como sintoma no corpo, uma menopausa precoce herdada das gerações anteriores.

Para Lima (2010),

> *cabe lembrar que na história entre mãe e filha, quando esta se torna muito complicada, mais conflitiva, não há vítimas nem algozes, apenas desencontro, desamparo, tristeza e vazio. Existem mães deprimidas, enlutadas, frustradas, incompreendidas pelas próprias mães, avós de suas filhas. Há uma ligação de tristeza que abrange pelo menos três gerações (avó, mãe e filha), dor e frustração de não ter sido amada, reconhecida e até mesmo odiada. (p. 68)*

Ao retomar sua travessia pela maternidade, Telma acessa os sentidos dessa experiência que foram sendo construídos durante sua luta para conseguir ser fértil e agora, mais precisamente, para conseguir ser mãe:

> *E eu liguei com umas coisas de passar por todo esse deserto. Esse deserto que minha mãe incutiu em nós. Porque para minha mãe, a forma de ela proteger a gente era não nos deixando viver, porque daí não deixando a gente viver, a gente tava sempre segura lá... Então tinha uma coisa de não poder... assim, não pode passar daqui. Então a gente não podia crescer, a gente não podia... viver, a gente não tinha nada, pra... pra ela ter o controle. Uma pessoa que gosta de ter o controle. Então tinha esse deserto: a gente não podia ser mãe, ela sempre falou assim: "eu não estou preparada pra ser avó". Então não tinha esse espaço, tinha realmente uma secura. Eu não duvido que todo esse problema hormonal que a gente teve, tem muito desse negócio psicológico, dessa mãe... que não deixava a gente ser fértil. Então essa história da minha família termina com os dois meninos [ela se refere ao filho e ao sobrinho, que nascem com poucos meses de diferença]. O Luís pra mim, eu até queria chamá-lo de um nome cujo significado é luz. Porque é essa transmutação, essa chance de fazer tudo de novo, de barrar.*

Ao contar sobre a menopausa precoce que atinge as mulheres da família e que começava a se manifestar nela e na irmã antes de conseguirem engravidar, Telma relaciona tal sintoma ao ciclo de desamor, morte e domínio, sendo a infertilidade a única herança. O processo analítico anterior à gestação a ajudou a encontrar os possíveis sentidos para sua vida, marcada pela forte presença de uma mãe cuja história pessoal de violência e cerceamento subjetivo refletia na maneira de investir afetivamente na filha. A falta de espaço e o excesso de cobranças gerou, segundo suas palavras, "um deserto árido", do qual ela e a irmã desejavam escapar, ambas encontrando dificuldades para engravidar. O desejo de romper com o ciclo de violência e de morte que aparece em sua fala revela uma dubiedade de sentido, pois Telma diz que a história da família termina com a chegada dos dois meninos: o filho e o sobrinho.

Em suas memórias de infância, vemos a imagem viva dos pais e do fundo emocional conflituoso que abrigava a cena familiar, marcada pelo conflito edípico e pela disputa, entre mãe e filha, pelo amor do pai (e do marido):

> *Eu lembro dela gritando o dia inteiro. Ela gritava muito. Meu pai... nunca teve aí pra ela, né? Mas meu pai quando eu nasci ele me amou. Então, ali eu acho que ela achou que eu roubei o amor do meu pai, que nunca foi dela na verdade. Então ela sempre teve uma relação muito ambivalente comigo, assim, que é esse negócio de ela... ter me feito pra eu dar amor pra ela, mas eu ter roubado o amor do esposo dela. Então sempre foi muito assim, um negócio de tentar me proteger pra eu não viver, pra eu estar segura, como uma forma de me acolher e de me proteger e de cuidar de mim, mas com muita violência, com muita violência embutida, emocional.*
>
> *Eu cresci com minha mãe dizendo que eu fazia os meus pais brigarem. Que eu fazia de tudo pra colocar fogo no circo... Imagina, eu tinha 4 anos! Ela dizia que meu pai não a amava mais por minha causa e que eu tinha destruído a relação amorosa dela. E que porque ela me teve, então não pôde mais trabalhar. Mas ela nunca trabalhou! Pra mim, o que eu tinha de criança é: eu nasci*

> *pra destruir a vida da minha mãe, porque eu destruí a vida profissional, a vida amorosa dela, então assim, eu sou, eu sou um monstro.*

A mãe (agora avó) mal-amada pela própria mãe e também pelo marido gera nesta menininha fantasias quanto à sua própria existência: com o poder de destruir a vida da mãe com sua chegada na relação dos pais, ela se sente um monstro.

Ab'Saber (2005) fala em "algumas formas próprias de um ser (formas psicanalíticas) a partir do efeito e das 'deformações' específicas que ele pode criar sobre a alma de um outro ser, seu objeto" (p. 27). E continua:

> *Trata-se de uma hipótese que tem a forma de uma matriz fotográfica: algo da constituição de nosso ego, ou da natureza de nossas ansiedades e defesas, está relacionado e é mantido pela forma da ansiedade e do uso que o outro, com quem mantemos laços libidinais, faz de nós. Assim, haveria em nós algo que é a imagem impressa, mas invertida, da forma psíquica do outro. (p. 27)*

É preciso lembrar que Telma é compositora e, portanto, apesar do controle excessivo da mãe, conseguiu construir seu próprio espaço criativo. Mas, apesar do talento e dos recursos dos quais faz uso para construir um caminho próprio, mais livre e produtivo (em contraposição às projeções de destrutividade vindas da mãe), fantasia que o filho nascerá com algum defeito, tão frágil é sua capacidade de reconhecer e acreditar em seus próprios elementos subjetivos.

Ali estão, nessa jovem mulher, as inscrições de sua história sob a forma de, como propõe Ab'Saber (2004), um aprisionamento "continente das ansiedades não elaboradas de sua mãe" (p. 25). Em contraposição ao encantamento do pai pela menina "desde sempre artista", observamos ressentimento e culpabilização por parte da mãe "mal-amada". Resta-lhe resistir, por meio da arte, mas restam-lhe também ressentimento, dor e a provável infertilidade.

> *Porque aí eu fiquei grávida, mas eu demorei pra entender e acreditar que eu tava grávida. Porque tem uma coisa dentro de mim: eu sou artista, eu sou artista desde pequenininha. Minha alma é de artista. Então pra minha mãe, eu era uma pessoa que não era prática. Minha mãe passou a vida inteira dela tentando me consertar. Tentando me transformar em uma pessoa prática. Então eu passei a minha vida inteira tentando provar pra ela que eu conseguia fazer as coisas do meu jeito e que eram brilhantes e que não iam ficar devendo pras outras pessoas que fazem as coisas normais. Mas isso faz com que eu sempre ache que eu tô fazendo as coisas erradas ou malfeitas. Então quando eu fiquei grávida eu falei: eu vou fazer um filho sem uma mão... Eu vou ser incapaz de criar uma criança que seja perfeita. Então eu passei a minha gravidez inteira com medo disso, de que... ele não fosse perfeito. De que ele tivesse problema de... sei lá, autismo, de síndrome de Down, de tudo.*

Fica evidente a intensidade do trabalho psíquico necessário para que ela pudesse acreditar em sua capacidade não só de gerar, mas de gerar uma vida inteira, com condições de se desenvolver saudavelmente. Sem se sentir amada e, ao mesmo tempo, ao se sentir culpabilizada pelas mazelas maternas, Telma encontra na arte seu espaço criativo e, por que não, curativo. Em seu percurso particular, busca formas de tratar as feridas de sua história desamorosa, mas, ao engravidar, precisa de tempo: tempo de abertura de espaço para que as fantasias destrutivas e maciças pudessem encontrar outra saída, que não o bebê ainda por vir. Sua fala sobre o filho denota um esforço de acolhimento que, por vezes, parece ultrapassar seus próprios limites, como se fosse necessário oferecer tudo, mesmo aquilo que não se tem.

> *Teve um dia que ele mamou durante sete horas, sem parar. Eu tirava e ele chorava, então eu colocava de novo. E eu tava num estágio de exaustão, não tinha conseguido dormir direito, enfim... E daí depois de sete horas, eu tive um ataque de choro, porque eu não... eu falei, eu não vou dar conta assim. Eu não vou conseguir ser mãe desse jeito. Eu não sei, não nasci pra isso. Eu não vou conseguir... Daí nessa última semana eu consegui voltar a compor, porque eu tive que retomar as coisas. E todo dia eu componho um pouco. Tá sendo importante. E nisso de eu voltar a compor, o primeiro dia eu falei ah, finalmente, aquele negócio de ter que fazer alguma coisa que eu goste, que me faz sentir... Mas quando eu comecei a compor e eu comecei a ouvir a peça e eu comecei a entender do que falava a peça, eu entendi que essa peça é o meu epitáfio. E isso é pesado pra caralho. Porque... é realmente aquele pedaço em que eu passei dos limites, né?*

A dúvida de Telma quanto à sua capacidade de cuidar e acolher parece passar por sua dificuldade de encontrar os próprios limites. Entre a fantasia de não ter recebido nada além de ódio e aridez relacional, Telma deseja oferecer tudo, e o autocuidado necessário para estar inteira parece ainda não encontrar lugar nesta nova condição, na qual a dedicação é importante, mas o encontro com seus limites internos também.

Entre a sensação de perda de limites e a impossibilidade de oferecer cuidado e acolhimento, temos uma mãe desejosa de fazer tudo diferente, de romper com o ciclo de violência e desamor, produzindo o que chamou de "transmutação". É preciso tempo relacional para que o bebê real e a mãe que acabam de nascer se encontrem e se vejam. Mas, além do tempo, são necessários abertura, cuidado e paciência, para que as fantasias destrutivas e maciças não se instalem, criando a possibilidade de encontro com este novo que chega e começa a se apresentar.

Se retomarmos a cena do nascimento, podemos criar uma imagem da posição que cada membro familiar ocupa no momento em que o bebê emerge. Onde e como se encontram as figuras parentais dos filhos que, neste momento exato, se convertem em pais? O relato de Telma revela a imagem do lugar interno que cada membro constitutivo de sua história ocupa em seu psiquismo. Como estão posicionados e como eles mesmos recebem o bebê que chega? E o quão impactante é a força dos sentimentos, intensos e contraditórios: amor, ódio, ciúme, abandono. Cabe pensar como se dá o impacto do inconsciente, inscrito em cada figura geracional, e como ele se manifesta com a chegada do bebê: este novo, este vir a ser possível, viável, receptivo e aberto para as inscrições que virão de uma mãe da qual nada se sabe, uma vez que ela é também um vir a ser, marcada, machucada, fundada por sua própria história familiar e seu desejo genuíno de transformação.

Acreditar em um bebê saudável, inteiro, acreditar que é possível oferecer cuidado, amor e continuidade, passa pela experiência e pelo acontecimento do encontro. Porém, a história de exclusão, culpabilização e violência por vezes a invade, colocando-a face a face com sua própria vulnerabilidade. Em sua condição de não saber, ansiosa por oferecer tudo o que pode, Telma tem dificuldade de se escutar e, ao voltar a compor, vê-se criando o próprio epitáfio.

Sua fala nos aproxima, inevitavelmente, da ideia de que a chegada de um filho é marcada por morte e por renascimento. Podemos pensar que essa peça, que ela sugere que seja seu epitáfio, trate, quem sabe, da possibilidade de saída do deserto na direção da fertilidade e do cuidado. Nesse sentido, o epitáfio, como Telma propõe e entende a composição do novo trabalho, trataria, talvez, da morte, mas também do renascimento, sob novas condições, em um novo solo, em uma paisagem em transformação, como novas notas ainda a serem compostas, agora a três.

A radicalidade do arrependimento e a necessidade de legitimar a dor

Para dialogar com a pesquisa histórica de Elisabeth Badinter (1980), recorro a um trabalho mais recente: uma pesquisa que deu origem a um livro de título *Mães arrependidas - Um estudo* (*Regretting motherhood - A study*), de Orna Donath (2017). A autora vai ainda mais longe ao tratar da radicalidade presente na transição para a maternidade.

Donath desenvolve uma pesquisa na qual entrevista mulheres que se dizem arrependidas de terem se tornado mães. Em seu trabalho, chama atenção para o fato de que já sabemos que a maternidade pode ser muito significativa para as mulheres, trazendo à tona sentimentos como plenitude, alegria, amor, conforto. Também sabemos que pode ser marcada por tensões e ambivalência, suscitando sentimentos como frustração, culpa, vergonha e desapontamento, podendo ainda reduzir a independência feminina. Para a autora, tal perspectiva nos permite compreender que, como seres humanos que são, de forma consciente ou inconsciente, mães podem machucar, abusar e, por vezes, matar. Ainda assim, afirma, ansiamos que a imagem mitológica da "Mãe" permaneça intacta.

Donath afirma também haver certa relutância em reconhecer que, assim como várias outras áreas da vida com as quais as mulheres estão comprometidas, a maternidade pode trazer arrependimento, despertando ira e distorções:

> *o que significa que mães que se arrependem são rotuladas como mulheres egoístas, insanas, danificadas, seres humanos imorais que simbolizam a 'cultura do choramingo' na qual supostamente vivemos. (Donath, 2017, p. xvi)*

Tais comentários foram coletados da internet, em reação a entrevistas e artigos científicos publicados pela autora. A partir desse material, observamos claramente o movimento de negação e de obturação do espaço da dúvida, do contraditório e do elemento ambivalente, presentes na experiência e no exercício da maternidade. Em contrapartida, a autora cita também que, além das reações adversas, por vezes violentas, irracionais e agressivas, houve também outro movimento por parte de mães que descreviam grande alívio por se identificarem com o sentimento de arrependimento diante da maternidade. Chama atenção, ainda, para o fato de que tais mulheres descrevem, em suas reações, o sentimento de solidão, até então experienciado em silêncio, uma vez que não se sentiam autorizadas a falar ou mesmo aceitar internamente o que sentiam.

Vemos, assim, a importância e a significação de um espaço no qual a experiência da maternidade possa ser simplesmente acolhida. Parece caber aqui a proposta bioniana, na qual devemos nos abster de nosso desejo e de nossa memória, em uma situação tida como natural e que, na realidade, se apresenta de maneira multifacetada, na qual a subjetividade humana adquire contornos muito particulares e profundamente complexos.

Donath (2017) ressalta o fato de que, a partir de sua pesquisa, fica explícita uma larga variedade de emoções vinculadas à maternidade, e que tais sentimentos estão "implorando para que lidemos com eles" (p. 16). Ainda existe, pois, algo profundamente importante em relação a este tema com o qual o discurso público precisa lidar.

Para corroborar a necessidade de um espaço de escuta e de significação dessa experiência como algo a ser acolhido e, mais do que isso, desmistificado, retomo um elemento importante que apareceu nas entrevistas: a sensação de solidão relatada pelas mães nos meses que se sucederam ao parto. Essa ideia, em princípio, pode parecer contraditória. Afinal, se o bebê que chega é visto como aquele que tudo preenche e a tudo responde, de que ordem pode ser esse sentimento? Nas conversas, pude observar alguns elementos que contribuíam claramente para sua emergência: o distanciamento do marido, dos amigos, as dificuldades com a própria mãe e, sobretudo, a presença do bebê, que, ao invés de se constituir como um elemento de preenchimento, produzia a sensação de vazio e impotência. Afinal, é preciso lembrar, o bebê que chega é ainda um desconhecido. Nesse sentido, parece haver o sentimento comum de não saber o que fazer ou como reagir diante desse novo ser familiar e, ao mesmo tempo, ainda estranho. Como consequência desse estado, vemos emergir a culpa, uma vez que o "esperado" seriam a plenitude e o amor.

Bydlowski (2006) lembra que a gestação é, geralmente, ocasião de uma crise psíquica, frequentemente silenciosa, solitária e que, em geral, não é compartilhada nem mesmo com o companheiro. Diante de todos esses movimentos primitivos e inconfessáveis, a mulher acaba optando, muitas vezes, pelo silêncio, não compartilhando com o entorno seus movimentos internos.

Proponho, a partir de tais considerações, a imagem do bebê como uma âncora. Este que, com toda sua fragilidade, proporções diminutas e, mais do que isso, impossibilitado de formular suas demandas a partir dos signos com os quais estamos familiarizados, ainda assim, com uma força alheia a si mesmo, submete a mãe, ao limitar sua mobilidade, atando-a pela via da dependência. E dessa nova condição, para a qual a mulher se vê convocada psíquica e corporalmente, parece não haver retorno. Mais do que isso, nesse novo lugar, ela se encontra só. É nela que se movimentam os hormônios. É dela que exala o cheiro reconhecido pelo recém-nascido. É dela que jorra o líquido responsável pela sobrevivência, detentor dos antídotos que a tudo pode curar, prevenir, apaziguar. Nesse lugar de nutriz, a mulher encontra-se só, atada à terra fértil da nova vida que tudo promete, mas que permanece, ainda, misteriosa.

Como nos lembra Winnicott, no melhor dos casos, a mãe é boa o suficiente (*good enough*). E André (2010) acrescenta: "no pior dos casos, ela é perfeita. E é justamente neste *enough* que se aloja o essencial do ser humano: o amor, a ternura com seus excessos e falhas, o toque com sua ameaça de excitação, a compreensão com seus fracassos..." (p. 15). Podemos supor que a solidão reside justamente aí, nesse lugar das medidas sutis, em que muito pode ser excesso e pouco pode ser fatal. As dúvidas, os medos, o desejo radical de apostar e acertar, o ímpeto por vezes insuportável de existir sem ter de existir, de poder sumir sem medo das consequências, convocam a mãe, submetendo-a, subjugando-a. O sentimento de solidão parece ter relação com essa condição que a faz sentir-se atada a uma existência que não mais lhe pertence e para a qual não há saída possível.

Poderia, neste livro, retirar os excessos, ao propor o amor como caminho. No entanto, corro o risco de romantizar algo que necessita, justamente, se afastar da idealização e dos pressupostos. Como propõe Bubber (1970/2006, p. 3): "*mundus vult decipi*: o mundo quer ser enganado. A verdade é muito complexa e assustadora". E, devo acrescentar, a realidade, em psicanálise, encontra-se nas entranhas do discurso e nos elementos inconfessáveis, legitimados e protegidos (assim se espera) pelo *setting* analítico.

Donath (2017) chama atenção para um aspecto importante de seu trabalho: a autora diz não estar interessada em reconhecer a existência do arrependimento das mães. Para ela, isso deixaria a sociedade sem implicação nesse processo. Acrescenta ainda que, quando personalizamos o arrependimento como um fracasso de algumas mulheres na adaptação à tarefa de ser mães e, portanto, sugerimos que elas deveriam tentar com mais afinco, ignoramos a forma como muitas sociedades ocidentais empurram, de forma veemente, as mulheres na direção da maternidade. Mais do que isso, deixam-nas na solidão de terem de lidar individualmente com as consequências de tal persuasão.

Nesse sentido, o arrependimento deve ser compreendido como um alarme que deveria não apenas alertar a sociedade sobre a necessidade de contribuirmos para que mães possam ser mães, mas para que se repensem as políticas de reprodução, bem como a obrigação das mulheres de se tornarem mães. O arrependimento das mães, na verdade, coloca luz sobre nossa incapacidade de tratar a maternidade como mais uma entre as inúmeras relações humanas, em vez de tomá-la como algo sagrado.

> *Nesse sentido, o arrependimento pode ajudar-nos a refutar a noção de que mães são objetos cujo objetivo é constantemente servir aos outros – e relacionarmos seu bem-estar somente a partir do bem-estar dos filhos – ao invés de reconhecermos as mães como donas de seus corpos, pensamentos, emoções, imaginação e memórias, capazes de avaliar se tudo isso valeu a pena ou não. (Donath, 2017, p. xviii, tradução nossa)*

O encontro com a pesquisa de Donath veio acrescentar um elemento importante na sustentação de minhas ideias, uma vez que coloca luz sobre essa relação humana, discutindo sua relevância e significação, mas, ao mesmo tempo, abrindo espaço para que a complexidade possa emergir. Dessa forma, parece-me que o fundamental é desnaturalizar a maternidade, tratando-a como um acontecimento humano complexo, confuso, por vezes cruel e excessivo. Trata-se, portanto, de observá-la a partir da linguagem, considerando-a como um movimento revolucionário e, ao mesmo tempo, disruptivo. E, por tudo isso, deve ser tratada levando-se em consideração não somente o elemento biológico, corporal, mas também os aspectos emocionais e psicológicos que, inevitavelmente, estarão presentes.

Bydlowski (1997) ressalta o fato de que, no início do século XX, a mortalidade materna e do recém-nascido chegava a atingir um quarto dessa população.

> *Habitualmente não ditos, tais números estão ainda presentes na memória moderna. A prevenção médica busca afastá-las, mas as mulheres mais sensíveis pressentem que, ao produzir uma nova vida, elas se expõem a uma ameaça que faz parte de um destino humano irredutível. (p. 14, tradução nossa)*

A autora observa que o médico responsável pelo parto cuida atentamente da saúde física da mãe e do bebê, e que sua função obstétrica se preocupa, principalmente, em reduzir de forma drástica a mortalidade perinatal, bem como possíveis deficiências que possam surgir em decorrência do parto. Mas lembra que nenhuma instituição assume a função específica de se ocupar das questões existenciais cotidianas que se apresentam a cada um, no momento do nascimento do bebê.

Podemos então perguntar: em que medida os médicos seguem ainda com as atenções voltadas à mortalidade no parto, dificultando ou mesmo impedindo uma abertura para observar os fatores psíquicos que podem colocar em jogo a interação da díade e, no limite, a saúde mental da mãe e do bebê? Não estariam também presentes nesse momento defesas psíquicas da própria equipe médica, tendendo a centrar-se nos aspectos físicos e deixando de considerar o estado emocional da mãe, bem como as modalidades interativas observáveis no pós-parto?

Penso que a abertura para esse campo das subjetividades envolvidas no parto só é possível ao concebermos a reprodução como algo muito além de um fenômeno puramente orgânico, e o bebê que acaba de nascer muito mais do que um produto meramente biológico, mas também um meio de transmissão psíquica. Como afirma Bydlowski (1997), as representações mentais dos pais que são colocadas sobre o bebê são difíceis de se descrever, podendo se constituir como "motores de sua organização psíquica ainda por acontecer. O recém-nascido testemunha, assim, os avatares biográficos e históricos de seus pais" (p. 19).

Bouchard e De Lara (2016) ressaltam que poucos clínicos, sejam eles psicanalistas ou psicólogos, se interessam pelo parto levando em consideração sua dimensão econômica. De fato, também para Bydlowski (1997), é preciso considerar que o parto, em especial o primeiro experienciado por uma mulher, pode, pela violência somática que implica, ser vivido como um trauma psíquico de intensidade excepcional. Para a autora, em poucos instantes, todos os valores vitais estão reunidos: risco mortal, esperança de vida, assim como a força do sexo.

Da desconstrução do amor materno como algo instintivo, natural ou mesmo animal, da possibilidade de se oferecer uma escuta a mães que se dizem arrependidas de terem passado pela experiência da maternidade, o que temos são relatos humanos: histórias individuais, particulares, não replicáveis. Vemos mulheres que desejam, a todo custo, dar o melhor de si, podendo, no entanto, sentirem-se perdidas, confusas e em dúvida: quanto ao desejo, quanto à nova condição e, sobretudo, quanto a quem são e desejam ser. Não só como mães, mas como mulheres, seres humanos submetidos às transformações temporais, sociológicas e antropológicas. Transformações inevitáveis e, ao mesmo tempo, disruptivas, que colocam em questão nossa condição de humanos, bem como nossa forma de viver e fazer as relações.

Telma, ao descrever seu processo criativo após a experiência da maternidade, vê-se escrevendo o próprio epitáfio. Marina, com o seio em carne viva, sofrendo de dor, sente-se convocada a, ainda assim, amamentar. O que temos são histórias humanas, de encontros e desencontros, de sonhos, projeções, fantasias e, mais do que tudo, a realidade que se impõe. Como disse o cantor *folk* americano Sixto Rodriguez, no documentário *À procura de Sugar Man*, que conta sua história triste de fracassos: "*nothing beats reality*" – nada supera a realidade. O que nos resta é buscar o sentido disso que nos faz humanos, evitando a negação, as projeções e as suposições simplistas que ameaçam e tornam mortífera nossa condição.

As intensidades e a violência: sempre presentes, muitas vezes negadas

A necessidade de pensarmos as relações, bem como o fato de podermos localizá-las temporalmente, permitem a realização de pesquisas como a de Orna Donath (2017), que insiste na importância de se manter o termo arrependimento ao tratar da maternidade. Para a autora, é preciso repensar o axioma de que a maternidade é necessariamente experienciada, por todas as mães e em todos os lugares, como algo que vale a pena. Ressalta ainda que, ao impedirmos que o termo arrependimento apareça, nos mantendo fiéis a outros como complexidade e ambivalência, viramos as costas e nos afastamos da possibilidade de lidar com questões que surgem do coração do arrependimento: a transição para a maternidade em si mesma. Com isso, limitamos o espaço que as mulheres têm para considerar e determinar, por elas mesmas, se desejam dar à luz e criar filhos ou não.

> *Focar no arrependimento pode definitivamente nos ajudar a entender mães que não se arrependem, mas experienciam dificuldades com a maternidade – mulheres que podem, por vezes, simplesmente desejar eliminar 'mãe' de suas biografias, mas que são convocadas a extirpar este tipo de desejo inconfessável de suas histórias. Neste sentido, focar no arrependimento tem como objetivo servir para ajudar todas as mães que podem enfrentar o impacto de tais construções sociais. (Donath, 2017, p. xviii, tradução nossa).*

Da mãe suficientemente boa ou da mãe devotada comum àquela que se arrepende de ser mãe, temos aí pensamentos que precisam ser matizados ou ao menos localizados temporalmente e, se possível, clinicamente. Penso que podemos iniciar com um pensamento de Prat (2008/2018), em um livro de título sugestivo: *Mamãe-bebê: dupla ou duelo?* A autora sugere que nove meses não são realmente suficientes para que uma situação se torne uma experiência. Retoma a etimologia da palavra experiência e considera significativo o fato de que tal termo se liga à palavra latina *periculum*, perigo, que denota ir em direção ao desconhecido. Afirma, ainda, que somente a partir dessa confrontação entre o que é esperado e o surgimento do novo é que uma experiência pode se constituir, fazendo emergir pensamentos novos, bem como um novo estado psíquico:

> *Tal confrontação é obrigatoriamente brutal psiquicamente, e constitui um trauma que resulta, para a futura*

> *mãe, na necessidade de modificar o conjunto de seu funcionamento psíquico. (Prat, 2008/2018, p. 18)*

Encarar a ambivalência, a complexidade, mas também o arrependimento, nos aproxima da legitimação do ódio e da brutalidade da transformação que o fato de tornar-se mãe carrega em si. A imagem da "boca do jacaré", proposta por Lacan (1969-1970/1992), ilustra a ambiguidade presente no desejo materno: neste Outro detentor dos objetos de satisfação, ao mesmo tempo que carrega em si a dubiedade presente no ato de cuidar, projeta e se permite ocupar o lugar de objeto das projeções infantis. Diz o autor:

> *O papel da mãe é o desejo da mãe. É capital. O desejo da mãe não é algo que se possa suportar assim, que lhes seja indiferente. Carreia sempre estragos. Um grande crocodilo em cuja boca vocês estão – a mãe é isso. Não se sabe o que lhe pode dar na telha, de estalo fechar sua bocarra. O desejo da mãe é isto. (Lacan, 1969-1970/1992, p. 105)*

Prat (2018) sugere que o trauma (ou excessos, como na imagem acima) dessa experiência, que poderia, devo acrescentar, se transformar em arrependimento, como propõe Donath, residiria no fato de que, ao nos tornarmos pais, somos confrontados com uma responsabilidade total e definitiva, da qual é impossível se separar e que não pode tampouco ser partilhada.

É preciso lembrar, ainda, que, à exceção da amamentação (que já é, em si, um tema complexo), as tarefas relacionadas aos cuidados podem, sim, ser divididas. Penso que a impossibilidade de compartilhar, à qual a autora se refere, relaciona-se aos movimentos psíquicos que tal convocação provoca, os quais são muito particulares e vividos de formas diferentes por cada um dos pais.

A sombra do ódio materno: na clínica, na arte, na tragédia

A experiência clínica é solo fértil para a exploração dos elementos ambivalentes, bem como dos efeitos da pulsão de domínio, para retomarmos o conceito explorado por Couchard (2003). Palco de rememoração carregada de afetividade e dor, o *setting* analítico se converte em um lugar seguro de acolhimento de experiências que ainda não puderam ser significadas ou mesmo pensadas.

Ab'Saber (2005) retoma um extrato clínico que ilustra claramente a manifestação do ódio materno:

> *[...] lembrava-se do dia em que, criança de seis ou sete anos, perguntara à mãe, enquanto ela cozinhava, de onde tinha vindo, como tinha nascido, e a mãe respondera que ela viera de um repolho, ao mesmo tempo em que picava um repolho com uma grande faca afiada [...] (p. 26)*

Vemos, nesse pequeno trecho clínico, a intensidade e a forma das origens. O ódio se manifestando figurativa e concretamente, deixando a criança entregue à própria sorte, juntando, como possível, os elementos históricos de sua existência, refém dos movimentos impulsivos e violentos da mãe. Mas a escuta clínica vai, aos poucos, permitindo a emergência e a elaboração, por meio de um trabalho a dois, buscando olhar cuidadosamente para aquilo que traumatiza, marca, e que é também passível de cura, desde que legitimado:

> *Com o tempo tal solo de enigmas da existência na alma de Joana foi se enriquecendo em detalhes e nas dimensões de seu sentido. Fomos compreendendo a profundidade histórica dos ataques maternos a ela, e quais as possí-*

> *veis fantasias organizadoras, na mãe, de tal sistema de não-reconhecimento e de uso sádico da experiência com a própria filha.* (Ab'Saber, 2005, p. 27)

O autor segue, comentando como sua maneira de se disponibilizar clinicamente permitiu que tais formações psíquicas pudessem ir se revelando, qual um negativo de foto impresso na alma:

> *A descoberta dessas fantasias, importante para mim e para ela, como um mito criado entre o analista e a paciente, construção em análise, só foi possível por eu considerar o inevitável auto-engendramento de sujeito e objeto, e que é possível o reconhecimento de algumas das formas próprias de um ser (formas psicanalíticas) a partir do efeito das "deformações" específicas que ele pode criar sobre a alma de um outro ser, seu objeto.* (Ab'Saber, 2005, p. 27)

Para acrescentar, ainda, outro rabisco nesse desenho que representa os elementos dificilmente reconhecidos ou mesmo confessos da maternidade, compartilho uma experiência de contato com a arte que ilustra, de maneira significativa, tal realidade. Durante a escrita da tese que deu origem a este livro, assisti a uma peça de teatro de título *Mme. Klein*, baseada no texto de Nicholas Wright (1988).

Em Londres, no ano de 1934, Melanie Klein acaba de ser informada da morte de seu filho Hans, em Budapeste. Sua filha Melitta acusa a mãe de ter contribuído para o suposto suicídio do irmão. O autor se inspira em um episódio real e compõe uma sonata em três movimentos, na qual o trio feminino, Melanie Klein, Melitta e a colega psicanalista Paula Heimann, interagem, dominado pela irrefutável voz da mãe. Melitta, em um dado momento da discussão, diz à mãe: "eu sou doutora", ao que a mãe responde: "e eu sou Melanie Klein".

Nesse diálogo, marcado pelo rancor e pela disputa, presente na relação de uma mãe com sua filha, vemos a humanidade de um dos grandes gênios da psicanálise se manifestar sem filtros ou reservas. É preciso lembrar que as dores constitutivas de sua história, bem como a observação dos próprios filhos, a impulsionaram em uma produção essencial para a evolução do movimento psicanalítico. Essa produção, no entanto, não garantiu que suas próprias alienações neuróticas e as dificuldades com a maternidade fossem curadas – a maternidade é mais complexa, mais dolorosa, mais humana do que nos faz supor nossas construções teóricas.

Vemos a arte, mais uma vez, revelando em seu texto os segredos inconfessáveis da alma humana, sendo o mais impactante deles o ódio e a violência da mãe por seus filhos, manifestos, nessa cena, em uma relação de acusações, disputa e competitividade. Em que medida podemos ou sabemos suportar tal movimento? Em que medida somos capazes de encará-lo, desmistificando o amor materno e oferecendo, de forma legítima, espaço para o ódio? Objeto de investimento maciço do bebê, tanto de amor quanto de ódio, a mãe é vista como aquela capaz de amar e abrir mão de si mesma em função do filho. No entanto, é preciso dar voz para a crise que o processo de se tornar mãe produz. É preciso falar sobre as dores impensáveis do parto, sobre a angústia arcaica do fantasma alienante de um corpo para dois, como propõe McDougall (1991), e, devo acrescentar, de uma casa para três.

É preciso considerar o fato de que gestar, dar à luz e amamentar produz, inevitavelmente, uma ligação com a natureza diferente daquela vivida pelo homem. Mas isso não faz da maternidade algo instintivo. Em se tratando da condição humana, poderíamos propor que se trata de um movimento pulsional. Associado a isso, temos o fato de que nossa condição de mamíferos nos coloca em uma situação na qual temos um ser que alimenta outro, numa relação de troca de calor que produz afeto, mas, também, traz problemas. Afinal, trata-se aqui de levarmos em consideração a humanidade do inconsciente e sua manifestação imperativa no momento em que um ser humano passa a ser responsável pela vida ou pela morte de outro.

Podemos ainda, como forma de ilustrar ou mesmo legitimar a presença do ódio materno ou, quem sabe, as composições humanas de uma mãe, recorrer à tragédia: *Medeia*, de Eurípedes, a mãe que assassina os filhos por vingança ao marido, Jasão, o faz tomada por suas próprias dores. Ao sentir-se humilhada por ter sido traída, recusa-se a aceitar o lugar de humilhação e diz a si mesma:

> *Vai, pois, dar o golpe terrível, eis o momento de pôr à prova tua coragem. Estás vendo o que tens a sofrer? Não é preciso que te tornes objeto de zombaria para a raça de Sísifo e para Jasão, que se unem por este himeneu, tu, descendente de um ilustre pai, filha do sol! Possuis a ciência e, aliás, a nós outras, mulheres, a natureza fez impotentes para o bem, porém mais hábeis do que ninguém para manipular o mal. (Eurípedes, 2004, p. 30)*

Lima (2010) questiona:

> *seria esta a mãe odiosa? Uma mãe arcaica, cruel, com quem se identifica no ódio, única maneira de sentir-se novamente inteira, e não aos pedaços; única maneira de sobreviver ao caos interno onde se vê lançada quando se depara com a perda e o sentimento de abandono? (p. 96)*

Vemos a mulher-mãe, submetida a seus próprios enlaces, nos quais as dores pessoais, narcísicas, primitivas superam sua capacidade de proteger os filhos. Ao contrário: nessa situação, as crianças são colocadas no lugar do objeto por excelência, submetidas ao poder cruel da mãe-assassina, que o utiliza como forma de vingança aos ataques narcísicos por ela sofridos.

Lima (2010) lembra, ainda, que a fera que se manifesta na mãe só pode ser admitida se tiver como intuito a proteção da cria. No entanto, diz:

> *há diversas atrocidades direcionadas a um ser, principalmente quando além de rejeitá-lo, machuca-o continuamente, impossibilitando-lhe uma estruturação sólida para enfrentar o mundo fora do seio familiar. (p. 92)*

O lugar de objeto ocupado pelos filhos é ilustrado, na peça, sob a forma do silêncio: impotentes, desprotegidos do ódio materno, falam uma única vez: "Ai de mim! Que fazer? Como fugir da mão de minha mãe?", "Eu não sei, irmão querido! Estamos perdidos!" (Eurípedes, 2004, p. 55).

Diante das projeções maciças de uma mãe às voltas com seus ressentimentos, sua humilhação e sua exclusão do lugar de poder que ocupava, resta aos seus filhos a impotência e a submissão. Sua fala representa, justamente, a fragilidade e o não saber: o não dar conta de si, uma vez que a proteção que deveria vir justamente da figura materna os transforma em receptáculo do ódio e das projeções.

Para seguir com a tragédia devo, ainda, recorrer a Stein (1988) em seu texto *As eríneas de uma mãe: ensaio sobre o ódio*. Lembremos que as eríneas, na mitologia grega, eram a personificação da vingança, sendo responsáveis por punirem os mortais. Diz o autor: "... estou sendo perseguido pelas Eríneas de uma mãe" (p. 47). Ao revisitar uma passagem da *Odisseia*, Stein retoma uma outra versão da mãe de Édipo, Epicasta, mulher que se apresenta como vítima de uma grande infelicidade. Segundo a versão de Homero, explorada por

Stein, a mãe deixa ao filho Édipo "todos os sofrimentos que podem desencadear as Eríneas de uma mãe" (Stein, 1988, p. 35). Segundo Lima (2010), as Eríneas são representadas pelas figuras de ódio, "a deusa vingadora invocada para o sofrimento do filho" (p. 101).

Se, como afirma Marin (2001), o drama humano reside no fato de que "o estatuto do sujeito exige que existam dois" (p. 94) e, mais ainda, que a unidade seria uma ilusão, a mãe que objetifica os filhos, fazendo-os material de exercício de seu ódio, justifica o aforismo freudiano de que a sombra do objeto recaiu sobre o sujeito (Freud, 1914/2013c).

A tragédia humana reside, justamente, na impossibilidade de separação, na falha em fazer o corte necessário, possibilitando o encontro e não a sobreposição das existências que, no limite, massacram o ego, congelam o sujeito e, no extremo, levam à morte.

2. O que a cesárea corta

Eu estava com 38 semanas de gestação e minha mãe chegou pra ficar comigo. Então eu lembro de uma cena, assim: lá estou eu, com 39 semanas de gestação, e minha mãe estava numa crise forte no casamento. E a gente passeando num shopping e ela tendo um troço de tanto chorar e eu consolando minha mãe. E aí, no dia seguinte, a gente vai na consulta de 40 semanas. E o obstetra era um médico muito cesarista, mas na época eu nem sabia que existia essa classificação. Eu não sabia o que acontecia no Brasil com o nascimento. Eu não sabia... de nada! E ele era um médico que controlava tudo, então o ultrassom era feito no próprio consultório. Ele fez o ultrassom e disse "olha, já tem mecônio aqui". Eu não sabia nem o que era mecônio. E ele: "olha, eu acho que o bebê vai entrar em sofrimento, vamos fazer uma cesárea? Você não tem dilatação...". E minha mãe, que já estava comigo há uma semana, já estava de saco cheio daquela situação, disse: "É, filha, faz uma cesárea.

> *Não tem problema não...". E aí eu olho pro médico e digo: "Será? Sofrimento? Não, eu não quero que o bebê sofra. Tá bom, quando?". Ele: "Amanhã". E eu: "Tá bom, então". E... no dia seguinte, José nasceu... E... uma cesárea absolutamente tradicional, assim, com muita anestesia. Vem, nasce o bebê, olha, tira uma foto e o bebê é levado. Bebê lindo, grande, grande, com bocão, tudo de bom aquele bocão. E eu... chapei depois. Eu dormi profundamente. Na minha cabeça eu acordei 4 horas depois. Eu não sei quanto tempo se passou até eu voltar pro quarto, até eu ver José, até José mamar. Não sei. Não faço a menor ideia. E... É louco falar disso. [Ela se emociona e chora]. É difícil falar disso, porque... podia ter sido diferente. É uma sacanagem, né? Eu só me dei conta de que poderia ser diferente quando engravidei da Iara. Da minha terceira filha! Foi um processo. Cara, bateu... Podia ter sido diferente, sabe? Podia ter sido diferente [choro]. É uma dor mesmo, assim de... Eu não sei se isso mudaria exatamente minha relação com José, ou quem José é, porque José é um cara muitíssimo especial. Mas eu acho que isso me mudaria. Eu acho que isso me mudaria.*

O relato emocionado de Ana nos coloca em contato com os inúmeros elementos que podem se fazer presentes na cena do nascimento de um bebê. Neste caso, uma mãe e uma avó, que desejava ajudar na chegada do neto, mas que estava, ela mesma, vivendo uma crise pessoal – a impaciência e, talvez, indisponibilidade sentidas pela filha, ao dizer que a mãe já "estava de saco cheio daquela situação", aparecem como memória viva. Ou um médico "que controla tudo" e que usa a palavra-chave, certamente insuportável para a futura mãe, indicando que o bebê poderia estar em sofrimento.

Já nesse momento inicial vemos a convocação para que uma decisão fosse tomada, decisão que tem a ver com sofrimento (neste caso, um possível sofrimento fetal), mas que se relaciona também com suas convicções, como mulher, uma vez que, apesar de ela mesma dizer que "não sabia de nada", havia o desejo, ou talvez simplesmente uma suposição de que o parto seria normal. Há, portanto, uma frustração. Contudo, levará um bom tempo para que Ana possa compreendê-la (e só bem mais tarde se inteirar da realidade sobre a condução dos partos no Brasil) e elaborá-la.

E Ana segue, contando sobre sua primeira experiência, suas primeiras decisões e a construção de seu lugar de mãe:

> *... Apesar dele ter nascido de uma cesárea escrota, apesar dele ter mamado pouquíssimo. Mamou três meses só. Eu não fazia ideia... Porque a pediatra que atendeu José só via ele dormindo. Ela nunca viu ele acordado. Ela tirava toda a roupa, ele olhava pra ela e dormia de novo. Ela enlouqueceu. "Ele precisa acordar. Dá uma mamadeira pra esse menino, porque senão..." E aí, eu obviamente dei uma mamadeira pro menino.*

O bebê precisava acordar para que a pediatra o visse, e à mãe, inexperiente, insegura e querendo arduamente "acertar", restava acatar mais uma ordem médica. Pois, de novo, sofrimento, não. Qualquer coisa, menos isso. Aqui é preciso lembrar que, no momento da entrevista, Ana já era mãe de quatro filhos, tendo vivido a experiência de um parto normal somente quando a terceira filha nasceu. O quarto nasceu em casa e teve muitas dificuldades para sugar. Mas, depois de quatro filhos, a experiência já falava mais alto, e Ana podia se autorizar a tomar as decisões.

Alguns elementos dessa cena chamam a atenção e nos convocam: uma avó, vivendo ela própria sua crise pessoal; um obstetra, preocupado com o mecônio; uma pediatra, ansiosa por ver o bebê acordado, e uma mãe que tudo suporta, menos a palavra sofrimento.

Foi preciso, no entanto, passar por quatro partos, quatro experiências de amamentação, para que Ana pudesse, finalmente, perceber que sabia e, enfim, pudesse afirmar isso com convicção, decidindo o que seria melhor, com base no que via nos filhos. Mas, para isso, houve um primeiro. Um que, sendo um "cara muito especial", comunicou à mãe que não havia problemas ter nascido de uma cesariana.

Em sua segunda gestação, Ana trocou de médico e, dessa vez, já mais consciente de todo o processo, acreditou que teria, finalmente, a possibilidade de passar pela experiência de um parto normal. No entanto, ao chegar ao consultório para uma consulta de rotina, uma surpresa, um imprevisto:

> *Com 38 semanas eu vou no consultório e ele [obstetra] diz: "Ana, você está perdendo líquido". E eu digo: "gente, mas por onde eu estou perdendo líquido?". E ele: "diminuiu da semana passada pra essa, eu acho que a gente precisa fazer uma cesárea". 38 semanas... E aí doeu. Doeu, doeu, doeu. Eu chorei muito no consultório nesse dia. E aí ele diz pra mim a frase que eu nunca vou esquecer: "Pode deixar: eu vou fazer uma cesárea humanizada". É... o nível de escrotidão desses médicos não tem limites...*

Intrigada, Ana vê seu saber sobre o próprio corpo confrontado com o saber e o dado médicos, registrados no exame. Surpreende-se também com o termo "cesárea humanizada", que coloca em dúvida a relação de confiança com o obstetra.

Assim chega o bebê – em um mundo repleto de pessoas marcadas por suas próprias histórias: cheias de desejo e de esperança. E medo. E esperança. E medo.

Com base nessas observações, busco explorar neste capítulo o que poderia estar em jogo no excesso de cesáreas praticadas no Brasil e uma possível relação com os movimentos psíquicos, não só da mãe, mas também da equipe médica responsável pelos partos. Busco discutir, além disso, os cuidados oferecidos à díade após o nascimento. Entre esses cuidados, abordo o tema da amamentação, do seguinte ponto de vista: apesar de reconhecer os benefícios do leite materno, bem como sua importância para a construção do vínculo mãe-bebê, para algumas mães, tal tarefa se constitui em um martírio – seja em função da dor, ou simplesmente porque não querem fazê-lo. O que observamos é que há uma imposição médico-social a favor da amamentação, que pode ser geradora de culpa ao desconsiderar-se outros elementos psíquicos importantes, como o desejo e a disponibilidade da mulher.

Ressalto que não se trata de ignorar a importância da cesárea como procedimento médico fundamental criado para salvar vidas. Nem tampouco desvalorizar a amamentação e seus benefícios, tanto para o bebê quanto para a mãe. Trata-se, no entanto, de buscar compreender a forma como lidamos com essas questões, em movimentos por vezes impositivos, que não levam em conta a mulher, seu estado emocional e sua autonomia para decidir sobre procedimentos que, para além dos aspectos médicos, envolvem também questões psíquicas importantes.

A cesárea e a morte

> *Dizem que nós levamos uma vida sem perigos em casa, enquanto os homens combatem na guerra; raciocínio insensato. Eu preferiria três vezes estar em linha de combate, com o escudo de lado, a parir uma só vez.*
>
> (Medeia, em *Eurípedes*, 2004)

Ana segue seu relato, contando agora a experiência de sua terceira gestação, quando, já mais madura, sentia-se segura para tomar as decisões e se apropriar de sua gestação e de seu parto:

> *E aí chego lá no dr. Pedro, um médico supersimpático, daqueles médicos piadistas. Dr. Pedro também era um médico que controlava tudo: o ultrassom era feito no próprio consultório. E aí muitas piadas, ah, que animada [as piadas se referem ao fato de Ana já estar na terceira gestação]. E ele me diz, "olha, estou vendo aqui, 38 semanas é dia primeiro de janeiro. Vamos já deixar marcado, porque você não pode entrar em trabalho de parto. Você corre o risco de morrer..." [suspiro] E eu estava muito cheia de vida. Eu estava me sentindo a deusa da fertilidade. E aí vem um cara dizendo que eu vou morrer? Aquilo foi muito forte pra mim. Chegamos no carro, eu tenho um troço, assim, eu começo a chorar... Meio puta, e Paulo [o marido] me diz, "olha, não inventa, você não vai me deixar viúvo, com três filhos pra criar... A gente já conhece o médico. Não inventa, não pira, você está maluca...". E eu disse: "não, não". Eu vou fazer esse caminho, eu vou encontrar um médico, eu vou ter um parto normal. Eu*

> *preciso ter uma contração. Que é isso? Tá louco! Meu terceiro filho! Tem alguma coisa muito estranha... E aí, um mundo novo se abre pra mim. Eu descubro que se você quiser ter um parto normal, você precisa lutar por ele. Eu descubro que os médicos conduzem os partos pra cesárea, eu descubro... a minha força nesse processo de gestar . . . Iara... [a filha desta gestação] ela... me fez mergulhar nisso. E aí eu vou ao encontro da dra. Bárbara, que é uma bruxa, das boas.*

Entre uma mulher cheia de vida, sentindo-se a "deusa da fertilidade", e um obstetra, desses que "controlam tudo" e insiste na cesárea, o que temos? De um lado, transferência, relação de confiança, entrega humana a um suposto saber, a um médico detentor de respostas e soluções. De outro, uma mulher desejosa de fazer seu corpo agir, ansiando por viver a experiência de fazer nascer e provar capacidades e forças internas ainda desconhecidas, mas que ela intui possuir. Entre trazer à luz uma nova vida e o risco iminente de morte, vemos um contraditório que envolve conveniência, manipulação, mas também medo e desejo de controle. E, então, para poder ter um parto normal, "é preciso lutar por ele" ou, ainda, encontrar "uma bruxa das boas".

Em face de tais constatações psicológicas, culturais, antropológicas e sociais, podemos questionar quais as possíveis relações entre a excessiva medicalização do parto e a negação ou dificuldade de reconhecimento dos movimentos ambivalentes observados na relação da mãe com seu bebê. Será que a memória, ainda presente, do risco de morte seria responsável pela necessidade da equipe médica de manter a situação do nascimento "sob controle"? Ou ainda, a medicalização do parto e a naturalização do amor materno ou da maternidade em si teriam como função proteger a equipe médica dos movimentos desconhecidos, misteriosos e complexos, em uma tentativa de evitar o confronto com os elementos enigmáticos e, por que não, assustadores, que podem inundar o psiquismo materno e se manifestar durante o pós-parto?

Para Spilrein (1981), o desenvolvimento e o nascimento de um bebê só podem acontecer "às custas da mãe". A autora insiste em destacar as sequelas físicas deixadas no corpo materno, sequelas estas que ferem seu narcisismo de jovem mulher. Acrescenta ainda que, em muitas culturas, observa-se a tradição da prática de um sacrifício quando do nascimento de um bebê, sendo o objetivo pagar um tributo à morte, para que a vida da mãe possa ser poupada.

Rosa, uma jovem mulher de 23 anos, decide sustentar a gestação sem o apoio do namorado, com quem tinha uma relação difícil e que, segundo conta, pôde, mais tarde, compreender que se tratava de um relacionamento abusivo. O companheiro tenta convencê-la a fazer um aborto, mas ela é categórica em seu desejo de manter a gravidez e, ao longo do processo, descobre que se trata de uma gestação gemelar. Lê, estuda, se informa e decide pelo parto normal, bem como outros aspectos da maternidade que considera importantes.

> *Eu tinha me preparado muito, mas na hora que acontece, eu achei muito mais difícil do que eu pensava que seria. Eu pensei que, se você se preparasse, e soubesse tudo o que iria acontecer, por algum motivo, a experiência seria mais fácil. . . . Foi bem difícil. É um desespero em relação à dor, de achar que você vai morrer. Eu achava que eu ia morrer. Eu não pensei assim, ah, eu vou desistir... vou pedir uma cesárea... Não era isso que eu pensava, eu pensava: eu vou morrer, porque eu não vou conseguir fazer nada aqui. Eu vou só morrer. E aí eu entrei em desespero, nesse sentido, assim. E eu lembro de chorar e chorar... eu vou morrer, eu vou morrer. . . . Eu só queria ficar sentada, esperando aquilo ir...*

A fala de Rosa nos coloca na cena do trabalho de parto, em toda sua complexidade e idiossincrasias. Segura de sua decisão de ter um parto normal, ficou em casa, como havia combinado com sua doula, até o período expulsivo. O objetivo era, justamente, não correr o risco de ser direcionada para uma cesárea. Já cansada pela gestação gemelar, sem desejo de se movimentar ao longo do trabalho de parto, como é recomendado que se faça, e com muita dor, surge, então, a fantasia de morte. Embora não tenha desistido, foi tomada pelo terror de morrer.

Vemos como a condução e o acompanhamento dos movimentos internos da mulher exigem um trabalho importante do entorno médico. Trabalho psíquico, pois é preciso acompanhar o que está em jogo na forma como a mulher se conecta com seu corpo, com sua história e com o bebê a caminho. Mas, além disso, um trabalho ético, no sentido de respeitar o desejo, de forma a acolher também as ambivalências que possam vir a se manifestar no momento da dor, dos movimentos inconscientes e da irracionalidade; movimentos estes que podem surgir de forma intensa e radical.

Nos hospitais brasileiros, o parto, em geral, é acompanhado pelo obstetra do começo ao fim. Nesse contexto, o que observamos é que o tempo do trabalho de parto, em sua grande maioria, é gerenciado pelo médico, e não pela mulher. De um ponto de vista prático, se o médico precisa estar presente o tempo todo, como é possível que se espere por um processo que pode durar muitas horas e, em alguns casos, até mesmo dias? O próprio nome já nos diz algo importante: *trabalho de parto*. E quem entra em *trabalho de parto* é a mulher.

Entretanto, confiar em si, em seu corpo e em seu próprio saber é algo que parece ir sendo anulado na relação médico-paciente, na qual o saber "científico" busca se sobrepor em situações que, por vezes, são claramente manipuladoras e impositivas. Resta, então, confiar no médico que promete uma "cesárea humanizada" ou então buscar desbravar novas possibilidades. Tarefa complexa, como pude constatar ao longo das entrevistas.

Se levarmos em consideração que o trabalho de parto é marcado pelo ritmo, devemos buscar compreender como esses eventos se relacionam. Trata-se de um processo que se inicia com contrações em princípio aleatórias; ou seja, não há um intervalo claro entre uma e outra, e essa fase pode ser longa. Em uma segunda etapa, começa a haver um intervalo mais ritmado entre uma e outra, até que se intensificam de tal forma que, já na fase final, resta à mulher fazer força para "expulsar" o bebê.

Uma das maneiras de acelerar ou induzir o trabalho de parto é a administração do hormônio ocitocina, responsável por provocar contrações, nos casos em que estas não se iniciam naturalmente ou tardam a começar. O que se sabe, no entanto, é que as contrações, quando induzidas, podem ser muito violentas, em um ritmo que pode, por vezes, ser insuportável para a mulher, como podemos constatar na descrição de Marina:

> *É um outro tipo de contração. Fazendo uma analogia, a contração natural é uma massagem, você sente vir, deixa ela vir e ela... está tranquilo, é forte, mas vem e vai. E a de ocitocina é um tapa, seco, sabe? Era seco, seco...*

Como resposta à dor e aos movimentos violentos causados pela ocitocina, tem-se, como consequência, a administração de analgesia, de modo que a mulher passa a não sentir as contrações, perdendo, dessa forma, a conexão com seu corpo. O que acontece em seguida é que o médico irá dizer como e quando fazer força. Observamos que o parto vai sofrendo cada vez mais intervenções e o que se apreende, a partir dos relatos, é que a espera por parte da equipe médica nem sempre acontece. Ou seja, fica evidente que há uma impaciência em torno do trabalho de parto quando, justamente, saber esperar parece fundamental.

Durante a entrevista, Marina descreve o périplo vivido em sua primeira gestação. Em busca de um parto normal, iniciou sua busca indo aos médicos que atendiam seu plano de saúde. Depois de algumas consultas, percebeu que pelo plano não conseguiria ter um parto normal. Os médicos, já no primeiro contato, indicavam que a cesárea seria o procedimento adotado. Diante disso, desistiu do convênio e foi em busca de outras indicações, de médicos particulares, até chegar a uma com quem pareceu se identificar:

> *E aí nessa [obstetra] eu fui e... gostei muito do pré-natal com ela, mas ela era uma G.O. fofinha. Você não conhece esse termo? É assim que costumam chamar: Ginecologista-Obstetra fofa, mas que te engana, entendeu? Então você acha que vai dar tudo certo, que você vai ter seu parto do jeito que você quer, mas ela te engana.*
> *Minha bolsa rompeu à noite e de manhã eu liguei pra ela . . . Mais tarde um pouco, uma hora e meia, duas horas, ela falou: "vamos nos encontrar na maternidade". Daí eu fui, encontrei com ela lá. E aí eu fiquei a tarde toda lá. Ela falou que o procedimento pra uma bolsa rota seria aguardar entre vinte e vinte e quatro horas, pra ver se eu iria entrar em trabalho de parto, senão eu teria que começar um antibiótico e iria ficar internada. E aí o início da noite chegou e a minha bolsa já estava rota desde a noite anterior. E então por volta de cinco horas e ela disse: "olha, não tá evoluindo". Eu fiquei naquelas de marcar contração e eu torcia, torcia, vamos lá, dói, por favor, começa, porque eu estava com medo de a coisa não engrenar e eu acabar na cesárea. E aí, quando deu cinco horas, mais ou menos, ela falou: "olha, agora é*

o momento da gente decidir se a gente vai entrar com antibiótico ou se...". Mas a maneira como ela colocou é muito importante, porque foi isso que fez a decisão ser tomada. Foi aí que ela... que ela me enganou. Porque ela falou assim: "a gente pode entrar com o antibiótico agora e a sua bebê na barriga vai receber toda essa carga de antibiótico, antes mesmo de nascer... Ou a gente pode fazer uma cesariana e ela vai estar rapidinho nos seus braços e vai dar tudo certo". E aí eu lá, naquela posição vulnerável, na maca. Eu estava sozinha nesse momento e falei, "gente, o que eu faço?". Mas foi o jeito que ela falou, e como eu não tinha muita informação, eu pensei: não, eu acho que não vale a pena... Uma das poucas coisas que eu não estudei foi o que fazer quando a bolsa está rota e o trabalho de parto não se inicia. Eu sabia que o procedimento era antibiótico, mas será que é bom antibiótico, será que alguma coisa iria influenciar diretamente na bebê? E aí... eu acabei entrando na dela e fui. Depois é que a gente começa a raciocinar. A equipe inteira já estava lá, porque no Rio não é plantonista pra pediatra e anestesista. É a equipe inteira. Você paga pela equipe. Então, eu paguei pelo pessoal que trabalhava com ela: o anestesista e a pediatra. E elas já estavam lá na maternidade. Ela já estava me induzindo, porque a coisa já estava ali, certa pra ser resolvida. . . . E aí eu fui pra sala de cirurgia. Mas foi tudo certo. Cesariana, meu marido do lado, Carla [a filha] chegou... Mas o que eu sinto dessa anestesia? Eu sinto que eu estava um pouco... off... sabe? Eu não me sentia completamente presente ali. Essa é a lembrança que eu tenho. Depois tem outras coisas, emoção e tal. Mas eu tenho a leve sensação de que a anestesia me deixou meio devagar. Uma coisa que eu

> *lembro bem, foi antes da Carla nascer: elas conversando sobre o jantar. Elas iriam todas jantar no mesmo lugar: a anestesista, a G. O. e a pediatra. Elas iriam jantar depois do parto e estavam conversando a respeito disso, durante a anestesia. Elas falando sobre o restaurante e eu pensando, "eu ainda não fui nesse restaurante, quando é que eu vou conseguir um dia ir a esse restaurante, agora, com Carla chegando?"... E aí, depois que todas as fichas caíram, isso me deu uma certa irritação. Então elas queriam ir jantar e eu ali, entrando na cesárea porque elas queriam ir jantar... Enfim, eu registrei isso.*

Marina era uma mulher decidida a ter um parto normal. Pesquisou, se informou, conversou, foi a um bom número de consultas antes de escolher a médica e, como disse, só não havia estudado sobre o que fazer no caso de uma bolsa rota que não culmina com o encadeamento das contrações. Em um momento de dúvida e insegurança acatou a indicação da médica (escolha que, convenhamos, dificilmente seria outra que não aceitar o que lhe era proposto). E, talvez, ela realmente não pudesse esperar. Mas o que lhe resta como memória é o fato de que seu parto foi conduzido por uma equipe que se encontrava completamente desconectada de seu processo, ocupada manualmente, mas com a cabeça e o discurso no jantar que teriam em seguida. E tal registro, associado à frustração de não ter tido o parto que desejava, gerou desconfiança, ressentimento e frustração.

O lençol que separa o ventre do coração e dos olhos da mãe parece também separar a equipe do estado emocional de uma mulher que está há meses, ou por vezes anos, se preparando para este momento novo e absolutamente imprevisível. A discussão sobre o jantar parece banalizar o momento, deixando a mulher isolada em seu processo, questionando, intimamente, na solidão de quem está prestes a parir e adentrar o mundo desconhecido da maternidade, quando teria condições de conhecer o tal restaurante, agora com um bebê para se ocupar.

Além do discurso que separa esses dois mundos internos, temos também a anestesia e seus efeitos. Marina conta que, de acordo com sua memória, teria estado "meio *off*". E cabe pensar se esse estado de desligamento seria somente efeito da anestesia ou também de um ambiente no qual a chegada do bebê parecia ser somente um procedimento médico em vias de ser executado, de forma mecânica, protocolar e com tempo para um jantar na sequência.

Cabe, então, questionar se o número excessivo de cesáreas, já amplamente constatado e questionado no Brasil, seria, entre outros aspectos, uma forma de atender à conveniência do médico. Proponho, no entanto, ampliarmos tal reflexão, considerando também outros aspectos. Algo que me parece central se relaciona, justamente, com a dificuldade de espera. Parece ser preciso evitá-la, pois espera denuncia falta, permite a emergência da angústia, abre espaço para a dúvida e, no limite, para as ambivalências.

Como suportar o imprevisível, marcado pela chegada deste ser desconhecido? Como sustentar a falta de controle, a emergência da dúvida e de toda sorte de fantasias? Como entrar em contato com o vazio que também comparece com a chegada do filho? O esvaziamento do ventre e a recepção nos braços deste novo ser que convoca, demanda, desorganiza, tira tudo do lugar, vira do avesso, cachoeira de sentimentos, de alegrias, emoções e muitas dores. Como, enfim, acolher toda essa gama de emoções que pode se manifestar? Ao ficar separada por um lençol, a equipe médica permanece protegida de tais convocações, deixando para a mãe a tarefa de lidar, sozinha, com suas emoções.

A banalização da cesárea

Diante de tais constatações, vão ficando evidentes as razões e as consequências de um modelo de parto excessivamente intervencionista que, no caso do Brasil, denomino de *banalização da cesárea*, para utilizar o termo proposto por Bouchard e De Lara (2016). O estudo que realizaram constata que, além da conveniência médica na escolha da cesárea, também se observa um aumento da demanda das próprias mulheres por esse tipo de parto. As autoras ressaltam que, entre os múltiplos fatores que podem explicar as razões do crescimento de cesarianas eletivas (realidade que afirmam ser uma tendência mundial), a dimensão intrapsíquica tem sido pouco explorada.

Um dos questionamentos que propõem é se essa escolha por parte das mulheres teria relação com o desejo inconsciente de evitar a dimensão sexual do parto; refletem também de que maneira essa experiência colocaria à prova a economia psíquica da mulher. A hipótese é que a opção pela cesariana se relaciona, então, com o fato de que as representações e sensações que se manifestam durante o parto vaginal seriam geradoras de uma quantidade de excitações potencialmente desorganizadoras, sendo mais facilmente gerenciadas por meio do recurso intervencionista.

E vão além, retomando Helen Deutsch, em sua obra *Psychanalyse des fonctions sexuelles de la femme* (*Psicanálise das funções sexuais da mulher*), de 1924, no qual a autora afirma que o coito e o parto formam um processo único, sendo o segundo condicionado ao primeiro, devendo, então, ser considerado e tratado para além da questão biológica, mas levando-se em conta os elementos psicológicos.

As autoras sugerem ainda que é preciso considerar também o aspecto sexual da amamentação e questionam: poderíamos transpor essa necessidade de separar seio erótico e seio materno à genitália da mãe, como fonte de objeto de prazer e, ao mesmo tempo, responsável por entregar o bebê? Nesse caso, a escolha pela cesariana seria uma maneira eficaz de garantir a dicotomia entre órgãos de reprodução (ovários, trompas, útero) e órgãos destinados ao prazer (vagina, clitóris).

Bydlowski (1997) propõe uma imagem na qual podemos ver claramente a tentativa de separação entre coito e nascimento. Segundo a autora, ao examinarmos, de um ponto de vista histórico, as especificidades do lugar bem como do mobiliário consagrados ao nascimento, é possível avançarmos na hipótese de que seria considerado inadequado dar à luz na cama e no ambiente do ato sexual e da concepção. Ou seja, o distanciamento alcançado por meio do lugar e das mobílias específicos seria responsável por "dessexualizar" o nascimento, buscando-se, dessa forma, evitar a ligação entre coito fecundante e nascimento.

Diante dessa perspectiva, somos convocados a olhar para a cena do parto: tal observação nos revela um corpo de mulher que se apresenta sob os olhares em seu aspecto mais pulsional – sexo nu, aberto, deixando à mostra o fruto do ato sexual. Mas, além do corpo desnudo, é preciso suportar a violência das palavras, possíveis fantasias de perdas e dilacerações corporais, dor, prazer na fruição de líquidos, exibição, criação, gritos, suspiros: transbordamentos pulsionais que escapam ao controle, assustam, desorganizam.

Podemos olhar para essa cena inaugural focando a mulher, cujo corpo e psiquismo estão engajados na experiência de trazer um filho à luz, mas não podemos excluir os outros atores presentes, representados pelos cuidadores e pelo pai da criança, estando eles também fortemente mobilizados. Ao olharmos atentamente para essa cena, podemos questionar: em que medida as defesas psíquicas daqueles envolvidos nesse acontecimento seriam responsáveis pelo desejo de manter a situação sob controle? Residiria aí aquilo que podemos denominar de medicalização do parto? E, para além do parto, a tentativa de controle, para não dizer imposição, não somente da cesariana, mas também da amamentação.

Jacques André (2010) lança luz justamente sobre esse lugar em que as questões parecem quedar-se em aberto. O autor ressalta que, ao revisitarmos o *trauma do nascimento* tanto em Freud (1926/2014c) como em Rank (1923/2016), encontraremos a "presença de uma ausência" (p. 10). Para André, a angústia do nascimento, o trauma dessa experiência são contemplados somente do ponto de vista da criança.

> *Nem uma única palavra sobre a mãe, sobre aquela que dá à luz, nem sobre o que ela experimenta; nada sobre o que pode transitar entre um e outro dos dois protagonistas da cena; nada sobre esta primeira experiência intersubjetiva. Como a angústia da criança, tanto no que se refere à forma quanto à intensidade, poderia ser independente daquela que a carrega e a expulsa? Como tal entrelaçamento físico/psíquico – pela primeira e última vez, a criança cruza o sexo de sua mãe – poderia ele não imprimir seu traço? (André, 2010, p. 11, tradução nossa)*

Do fórceps à cesariana, passando pelo aborto terapêutico, a morte intraútero, o nascimento prematuro ou simplesmente a violência de um trabalho que parece se dar "naturalmente", os traumas associados à gestação, ao trabalho de parto e aos primeiros momentos da maternidade parecem, para o autor, passar ao largo nessa discussão.

Bouchard e De Lara (2016) retomam as origens históricas do termo *cesárea*: no século VIII antes de Cristo, Numa Pompilius estabelece que, no caso de morte da mãe durante o parto, o bebê deveria, por lei, ser salvo mediante cirurgia. Tal lei recebeu o nome de *Lex Caesarea*, sendo *caesere* o termo latino para cortar. A cesariana era, dessa forma, reservada à situação trágica de morte da mãe durante o trabalho de parto, quando, já no século XVI, um primeiro caso de sobrevivência da mãe teria sido reportado.

As autoras chamam atenção, ainda, para outro dado interessante, passível de questionamento e reflexão: entre meados do século XVIII e fins do século XIX, demandas de que uma cesariana fosse realizada, em lugar do parto vaginal, apareceram desde que a técnica passou a ser utilizada em mulheres que estavam vivas, antes mesmo que o procedimento pudesse oferecer qualquer garantia de sobrevivência ou conforto, e isso em uma época na qual o procedimento era realizado sem assepsia e sem anestesia, e conduzia à morte da parturiente em mais da metade dos casos. Foi somente na segunda metade do século XX e, mais precisamente, nos últimos vinte anos, que começamos a assistir, em todo o mundo, ao que podemos denominar de banalização da cesárea.

O parto cesáreo passa, a partir de então, a ser uma das duas possíveis formas de se trazer um bebê ao mundo. Mas, além da escolha em relação ao parto, passamos a observar uma série de outras inovações relacionadas à gestação: ecografias cada vez mais modernas, que não têm mais somente a função de detectar possíveis alterações ou anomalias que podem, muitas vezes, indicar a necessidade de intervenções precoces. Passa-se a observar o bebê em ecografias 3D, como se a espera por saber como será aquele que está tão bem guardado no útero materno não pudesse ser suportada. Estaríamos, assim, diante da impossibilidade de lidar com o mistério que o bebê representa?

Além disso, ao tentar controlar o parto praticando cesarianas desnecessárias, com hora marcada, de forma conveniente, ou ao se impor a amamentação como obrigação, como dever materno, seriam essas ações tentativas de extirpar as dificuldades, o não saber, o contraditório e o mistério presentes na construção de uma relação entre dois seres de linguagem, mas ainda desconhecidos, estranhos um ao outro, apesar da conexão visceral que os une?

Nesse sentido, podemos supor que o excesso de intervenções está profundamente relacionado ao desejo inconsciente de proteger o entorno dos excessos que testemunhamos na cena do parto, entre eles a abertura da vagina, geradora de inúmeras fantasias, representadas, entre outras coisas, pela famosa frase dita pelos médicos obstetras: "é preciso preservar a área de lazer do marido" ou, ainda, pelo "ponto do marido" – quando se referem à costura pós-episiotomia, na qual um ponto a mais geraria uma vagina mais estreita, em tese garantindo maior prazer ao parceiro. Retomo Thiery Savatier (2019), em seu livro *L'origine du monde*, título do quadro que está na capa deste livro. Ao explorar o quadro de Gustave Courbet, o autor fala sobre o orifício por onde todo homem sai e cujo desejo lhe impulsiona, mais tarde, a querer penetrar.

O quadro de Courbet pertence ao patrimônio nacional e, ao empurrar as fronteiras que a obra de arte deve ignorar, ao patrimônio da humanidade. Ele representa, por vezes, o brasão universal da heráldica feminina, mas também um hino à liberdade, esta de criar e pensar, ao nos libertarmos dos tabus engendrados pelo ódio ao corpo que as religiões e filosofias nascidas no entorno da bacia mediterrânea buscaram ditar ao mundo.

Savatier (2019) lembra que lá por onde desfila a censura não é raro encontrarmos o desprezo pela mulher. Toda a discussão e polêmica que envolvem essa obra passam pelo cerceamento do corpo feminino e da erotização. Mas envolvem também a liberdade de expressão que somente a arte é capaz de fazer acontecer, assim como nos convoca a discutirmos os tabus. Entre eles, o tabu da maternidade.

O bebê vem sem manual

Marina, como boa parte das mulheres entrevistadas, se prepara para a gestação, para o parto e para o início de vida de seu bebê. Em uma tentativa de manter a situação "sob controle", busca se informar e controlar a imprevisibilidade inicial, característica do recém-nascido. Seguimos com seu relato:

> *Mas eu lembro que tinha um momento na Encantadora de Bebês [livro muito popular, comumente lido por mães primíparas] que tinha o brincar, ou o distrair a criança, que no iniciozinho era um minuto, e depois se estendia. E aí eu pensava: "o que eu vou fazer com essa criança, tão pititica?". E aí eu ficava, eu botava ela na cama, ela ficava deitadinha na cama, e eu ficava, gente... e agora? Eu tive alguns momentos disso assim, o que que eu vou fazer com essa criança, sabe? Como é que se distrai uma criança? Eu não sabia o que fazer, se eu é que tinha que fazer alguma coisa... Não sabia o que fazer...*

O que vemos, nesse breve relato de vivência da mãe com sua bebezinha, é que esta tarefa é mais complexa do que podemos supor. Vemos uma mãe querendo acertar, tentando, como pode, se instruir sobre o melhor a fazer com sua filha. Mas seus próprios movimentos internos a assombram, e a disponibilidade para a dependência parece assustar. Fica claro, mais uma vez, o quanto é difícil aceitar a condição de simplesmente estar presente. É preciso fazer alguma coisa. Porém, o bebê ainda não sabe fazer as coisas, e tudo o que necessita é de alguém que lhe reassegure sua continuidade de ser. Tarefa simples, em princípio, mas complexa para uma mãe que deseja fazer o melhor e que se encontra, ela também, tendo de aprender a respeito de si, enquanto tenta, arduamente, desvendar e conhecer seu bebê.

Nesse sentido, podemos compreender a necessidade por parte dos profissionais, bem como dos pais, de obturar aquilo que escapa: a falta de sentido, as dificuldades. Ao se impor à mãe tarefas consideradas "naturais" na forma de cuidar e acolher seu bebê, desconsidera-se o elemento intersubjetivo, o desejo, a disponibilidade. Simplifica-se a complexidade da natureza humana, partindo-se do princípio de que, no limite, o instinto animal de cuidado prevalecerá. E, assim, sistematiza-se a violência psíquica, ao culpabilizar as mães que não podem, que não conseguem ou não desejam.

Entre a sabedoria materna e a imposição médico-social: quantas violências?

No capítulo anterior vimos, no relato de Marina, sua enorme dificuldade com o processo inicial de amamentação. Com o seio ferido, a lenta cicatrização e o desejo de livre demanda, parecia tarefa complexa encontrar a medida entre o melhor para o bebê, para si mesma e aquilo que entendia como imposições externas. Marina desejava fazê-lo; desejava amamentar. A amamentação não era uma imposição externa, mas "doía, doía muito". E ela estava disposta a enfrentar a dor, como de fato enfrentou, encontrando uma pomada milagrosa, que fez com que seu peito cicatrizasse e ela parasse de sofrer. Mas a cura só foi encontrada depois de muita pesquisa individual, de várias tentativas e erros. E esse foi seu percurso, cujas dificuldades foram superadas porque ela tinha um objetivo claro e estava disposta a alcançá-lo.

Porém, se tomarmos somente a amamentação, já teremos aí material suficiente para nos darmos conta do quão complexa é essa tarefa. Podemos iniciar a discussão levando em consideração somente um dos aspectos do processo: o desejo (ou a disponibilidade da mãe) para realizá-lo. Por outro lado, podemos nos ater ao veredito médico-científico, já amplamente conhecido, que advoga pela importância da amamentação para a saúde do bebê, para a saúde da mãe e para a construção do vínculo. Conhecemos também toda a perversão capitalista presente na difusão falaciosa dos benefícios do leite em pó criada pela indústria do marketing na década de 1970, responsável pelo aumento da mortalidade infantil em países subdesenvolvidos, cuja água utilizada para a preparação da fórmula não era potável. Ou seja, compreende-se, obviamente, a campanha pelo aleitamento materno. O que não se pode, no entanto, é transformar esse processo em mais uma violência, em mais uma imposição, em mais uma fonte de culpa para a mulher.

O relato de Ana, que está a seguir, nos permite observar, justamente, o elemento de culpabilização e dúvida que pode acometer a mãe, deixando-a, por vezes, confusa e indecisa em relação ao que é melhor para si e para o filho.

> *E já no meu quarto filho a gente passa por um perrengue muito grande na amamentação. Durante 28 dias eu experimento uma culpa que eu nunca tinha sentido. Amamentar, não amamentar, desistir ou resistir, o que que eu faço, que dor... eu não quero mais isso, eu quero isso, eu preciso ou não preciso... Essa ambivalência... Durante as 24 horas do dia eu passava por todas as emoções. É muito engraçado, porque... cada história dos meus filhos me coloca diante de uma situação que as mulheres enfrentam e eu me... compadeço, sabe? Eu vou para o lugar da compaixão. Eu te entendo. Eu te abraço. Eu estou aqui. E o que você quiser fazer, foda-se o mundo e o julgamento. Eu me julgava muito, eu me julguei muito nesses 28 dias. Por pensar em desistir de dar de mamar. Por pensar em não enfrentar essa dificuldade. Teve dois dias que eu dei mamadeira para o peito sarar.*

> *E a mamadeira não significa que você tá largando seu filho na lata do lixo: eu entendi que era hora de me cuidar. Que aquela mamadeira não representava qualquer coisa, senão um cuidado comigo. E que eu precisava disso pra poder estar ali, pra dar conta, pra cuidar daquele bebê. Então tem essas ambivalências de sentimentos que eu não tinha experimentado com os outros filhos. Mas com muita serenidade. Tem uma coisa assim, que no final do dia, tinha uma calma. Ele me trazia essa calma. Então o choro dele... eu nunca me angustiei com o choro dele. Nunca me angustiei com nada. Ele não me trazia angústia. As angústias eram minhas. Não eram dele.*

Aqui é preciso lembrar que Ana já estava no quarto filho quando enfrentou essa dificuldade. Depois de duas cesáreas, um parto natural e um parto domiciliar, seus saberes sobre si e sobre maternar contaram muito como experiência adquirida ao parir e ao cuidar de cada criança. Contaram mais do que o saber médico, do que os manuais, do que as imposições sociais. Ainda assim, foi preciso lembrar de que dar uma mamadeira para esperar o peito sarar não significava "jogar o filho no lixo", tão forte e impositiva parece ser a demanda sobre como uma mãe deve ser mãe e como suas "funções" devem ser executadas.

Lembro que, durante minha formação pelo método Esther Bick de observação de bebês, passamos inúmeras supervisões discutindo com uma enfermeira especialista em amamentação a importância de respeitarmos a escolha da mãe. Ela era categórica sobre a importância da amamentação e víamos o quão difícil era para ela levar em conta o desejo materno: era fundamental que o bebê fosse amamentado, e era isso que importava.

Alguns anos depois do final da formação, nos encontramos novamente e ela então me revelou que havia levado muito tempo para entender que "uma mamadeira bem dada era melhor que um peito mal dado", ou, em outras palavras, que "uma mamadeira quente era melhor do que um peito frio". Essa frase ainda ecoa em mim e, mais do que isso, em se tratando da fragilidade do bebê, cabe pensar como é difícil para os profissionais de saúde considerarem os aspectos psíquicos da mãe, assim como suas dificuldades e limitações. Reconhecemos amplamente a importância do leite materno e sabemos que isso é inquestionável. Mas é preciso aceitar que, para algumas mulheres, essa tarefa é tão terrível que esse mesmo leite pode se tornar nocivo.

A esse respeito, Dias (1999) adverte:

> *Pode ocorrer de uma mãe, que aceita muito bem um bebê nos estados tranquilos, assustar-se e reagir a ele nos estados excitados. Às vezes, há na reação da mãe uma espécie de desaprovação ao "estar vivo". Também uma patologia materna, como a depressão, por exemplo, pode traumatizar o bebê de forma especializada. Cheio de vitalidade, ele avança para o seio e é amortecido pelo contato de um objeto sem vida. Além disso, existem mães que resistem à regressão que caracteriza o estado de "preocupação materna primária" e sentem a amamentação como uma invasão ou uma violência. Para livrar-se logo da tarefa, elas alimentam o bebê de modo a aplacar o impulso, a neutralizá-lo. O leite funciona como um narcótico. (p. 22)*

Lembro-me, ainda, da dor de uma paciente que tentava arduamente aceitar e acolher seu bebê que havia nascido com síndrome de Down. Os pais, muito racionais e também muito cuidadosos, haviam feito o pré-natal e nenhum exame detectou a probabilidade dessa condição. Chegaram em meu consultório desolados, vivendo o luto do bebê idealizado e, mais do que isso, sentindo-se violentados pela forma como a notícia lhes foi dada. Pude observar, no discurso deles, a dificuldade e a limitação da equipe médica para lidar com a situação: em um movimento claramente defensivo, os profissionais se eximiram da responsabilidade de acolher a dor e oferecer espaço para a elaboração do luto inicial.

A mãe iniciou a análise e foi, como pôde, apesar de toda a sua racionalidade, abrindo espaço para acolher a filha. Entre os mais variados gestos que sinalizavam seu desejo de aceitação, foi categórica ao decidir amamentar, tarefa em geral ainda mais difícil para mães e seus bebês com síndrome de Down, em função da hipotonia muscular presente na região oral. Ambos trabalharam arduamente para conseguir, mas o ganho de peso foi se mostrando insuficiente. Angustiada e culpada por ter de recorrer à mamadeira, pediu ajuda a uma amiga que havia passado por situação similar. A amiga acolheu sua dor, tentou ajudar como pôde e sugeriu, no entanto, que ela não desse a mamadeira em público, pois as pessoas tendem a criticar as mães que não amamentam exclusivamente seus bebês.

Vemos, nesse pequeno extrato da realidade materna, uma das inúmeras situações de dúvidas, dificuldades e não saberes pelos quais uma mãe passa com a chegada de um bebê: entre a imposição médica, cuja regra diz que amamentar é fundamental, a dor insuportável que algumas mulheres enfrentam, a dificuldade do bebê de ganhar peso e a mamadeira, que é socialmente malvista, qual o melhor caminho, qual a melhor escolha? Onde se coloca a culpa?

Prat (2018) atenta para o aspecto dicotômico na relação médico-paciente que comparece no parto, mas que também pode ser observado em torno da amamentação. Segundo a autora, com frequência, a atenção se dirige à mãe ou ao bebê: exames que apontam benefícios ou riscos, em geral do ponto de vista físico, em relação a um e a outro elemento da díade, mas há uma grande dificuldade de se pensar a relação entre ambos.

Bouchard e De Lara (2016) também observam que, em geral, é sob o ângulo da análise médica e, novamente, dicotômica, que são examinados os aspectos e as modalidades do nascimento por parte das equipes médicas. Trata-se de avaliar os benefícios e os riscos para a tomada de uma decisão. "A questão do que está em jogo entre a mãe e o bebê neste momento preciso, as marcas deixadas por esta primeira experiência de separação, por exemplo, são deixadas de lado" (p. 67, tradução nossa).

Aguiar e D'Oliveira (2011, p. 3), ao discutirem, de um ponto de vista médico, o que denominam violência institucional praticada em hospitais públicos durante o parto, propõem que tal fenômeno é determinado pelo que chamam de crise de confiança vivida na área da saúde:

> *Entendida como uma crise ética mais global de fragilidade dos vínculos de confiança nas relações entre profissionais de saúde e pacientes, com a despersonalização do cuidado e o predomínio do uso de tecnologia como forma de interação, exacerbando a transformação do paciente em objeto de intervenção (Schraiber, 2008, 1997, citado em Aguiar e D'Oliveira, 2011). Esta crise, pela qual passa a medicina moderna, caracteriza-se ainda pela dificuldade ou ruptura na interação e na comunicação livre e eficaz (ou efetiva) entre pacientes e profissionais, uma vez que os meios – uso de tecnologia – são transformados em fim.*

Para Bydlowski (1997), os obstetras mais sensíveis estão prontos a admitir que os fatores psíquicos maternos devem ser levados em consideração e que a singularidade pode contrariar o domínio da biologia. Já o recém-nascido, diz a autora, é apenas um projeto. Ele é "preparado", e, para a equipe médica responsável pelo parto, o trabalho é considerado como concluído desde que nasça com boa saúde.

> *Hóspede muito discreto, verdadeiro passageiro clandestino, não há nem mesmo um preço definido para sua estadia nas instituições públicas, a menos que esteja doente! Seu futuro, depois do prazo de rigor, interessa pouco àqueles que presidiram seu nascimento. (p. 18)*

Em síntese, parece pertinente atribuirmos à cesárea a função de corte que extrapola o físico, mas no sentido mesmo de uma cisão: separação imaginária entre o nascimento e o ato sexual, mas também entre o biológico e o psíquico, transformando o nascimento em um ato puramente médico, sendo o bebê acolhido pela equipe detentora do saber, que tudo controla, gerencia, define, orienta e decide. Dessa forma, afastam-se os elementos inconscientes relacionados ao não saber, às ambivalências, aos medos e ao desconhecido.

A força da natureza: "eu não sabia que meu corpo fazia isso"

> *Quando descubro que estou grávida de Iara, já estou com quase 16 semanas. Iara é um raio que cai na minha cabeça. Literalmente. Iara traz... uma... Iara é minha revolução.*
>
> *Aí ela [a obstetra] diz: "eu posso estourar sua bolsa, se você quiser e Iara vai nascer... ou a gente pode esperar". E eu digo que eu quero que ela estoure. Eu estou de pé,*

não consigo mais sentar, mais fazer nada e aí ela abaixa e estoura a bolsa. E aí no que ela estoura a bolsa, aquela cachoeira. E aí a doula limpando o chão, ela e Paulo [o marido] se revezando e aí tem um comando que elas dão assim, quando vier a dor, deixa o seu corpo pesar pro chão, perde, perde suas pernas, deixa as pernas perderem a força, vai com essa força para o chão. Não se preocupe que a gente vai te segurar, porque eu estou em pé, e aí é muito lindo, porque ora eu estou abraçada com Paulo, ora com a doula, que é uma mulher enorme, magra, alta e eu digo, meu Deus do céu, essa mulher não vai me aguentar... e ela me aguentando.
Daí ela pega um espelho, e me diz: "da próxima vez que vier a dor você faz uma força", daí eu faço uma força, outra força, daí coroa. Daí eu olho o espelho: eu não sabia que meu corpo fazia aquilo. Eu não sabia que meu corpo... sabia como é que se nascia. Aí na terceira força sai a cabeça, depois sai o corpo, eu estou sentada, Bárbara [a obstetra] ampara ela assim, só olhando pra mim... Daí ela nasce... e eu não acredito [pausa, choro] Eu não consigo acreditar que a gente fez aquilo [pausa, suspiro] É... é a coisa mais foda que eu já vivi, mais forte, mais poderosa, mais bonita. É muito, é muito, é incrível, é inacreditável. Mesmo eu, eu, Meu Deus, que loucura, que coisa linda. Que lindo que é nascer.
Ela era a menor dos três. Ela era muito miúda, ela... cabia, assim, é engraçado. Sei lá, Iara era... era minha. Não sei, não sei... um tatu bolinha, assim, uma coisinha que... muito especial... muito especial. Ela era... minha pequeninha, minha, minha, minha bolsa, meu... bibelô, assim. Eu queria carregar ela. Eu queria... Eu me apaixonei, me apaixonei, me apaixonei, me apaixonei perdidamente.

O relato de Ana de sua primeira experiência de parto natural (em sua terceira gestação, é preciso lembrar) nos coloca em contato com uma realidade muito particular: poder ter o direito a um parto normal no Brasil não parece tarefa simples, mas um segredo a ser desvendado. É preciso, como disse, "lutar por ele". Mas, para além disso, seu relato também nos permite ver a força da experiência quando mãe e bebê trabalham juntos para que o encontro aconteça. Ao confiar e permitir deixar seu corpo ir junto com a força da gravidade, ela parece plantar os pés no chão e facilita a entrada do bebê em sua órbita. O marido, a médica, a doula estão ali como apoio. Eles se oferecem como fonte de sustentação, mas quem comanda o ritmo, quem faz o nascimento acontecer são a mãe e o bebê. E essa experiência tem uma potência que é arrebatadora.

A experiência, ambivalente em sua descrição, pois um raio que cai na cabeça traz energia, mas também choque e morte, é transformadora, aportando a essa mãe a consciência de uma condição ou poder até então desconhecidos. Ana não sabia que seu corpo fazia aquilo, não sabia que era capaz de fazer nascer. E, ao sair, o bebê encontra uma mãe banhada de hormônios, conectada com seus recursos: novos e transformadores. Uma mãe alerta, com todos os sentidos em ação para receber a criança que ela acaba de trazer ao mundo. E o bebê "cabe". Era dela. Ela diz assertivamente que era dela, pois foi ela quem fez aquele bebê nascer. Pela primeira vez, revela ter se apaixonado perdidamente.

Esse episódio me faz pensar se essa paixão teria a ver com a conexão visceral vivenciada por essa dupla, num trabalho complexo e intenso no qual mãe e filho estão engajados. Pelo fato de fazê-lo nascer e de a ele poder se conectar, sem intervenções desnecessárias, o encantamento pode surgir. Não há rompimentos, pausas, o bebê não desaparece, mas vem para seus braços, para junto de si, e, nesse momento, uma investigação mútua e complexa tem início: ocorre ali um encontro.

Finalmente, Ana conta sua experiência em seu último parto, que decidiu que seria em casa. Nesse caso, sem médico, mas com uma parteira e uma doula que chegam quando o bebê já está para nascer, pois, segundo seu relato, foi tudo muito rápido.

> *Eu me senti muito abençoada. Que bom que deu tudo certo. Que bom que ele chegou. Que calma. Que calma. Tem uma serenidade que se estabelece. Não sei se tem a ver com estar na minha cama, com estar no meu quarto, com aquela luz baixinha, com aquelas pessoas que estavam ali... É estabelecida uma serenidade muito marcante. Na conversa, no tom de voz, naquele bebezinho, aquela coisinha. Eu lembro do quente nas minhas pernas, sabe? Eu lembro do cheiro. E Jonas [seu quarto filho] é a cereja do bolo.*
>
> *Essa serenidade, ela bate em mim num lugar muito forte. Mas eu não olho pra ele e acho que ele seja sereno, exatamente. Mas é o que ele me traz. Jonas traz uma urgência pra mim, de eu olhar pra mim. É como se ele trouxesse a autorização. De que eu não preciso... é muito louco, porque... eu não preciso mais de uma chancela de que eu sou boa mãe, de que eu sou dedicada, de que meus filhos são legais. Ele... me liberta. Então tem uma calma, uma calma, uma calma, sabe? Uma tranquilidade...*

Finalmente, chega a "cereja do bolo", confirmando para a mãe que ela sabe de si, que seu corpo é capaz e que ela pode ser mãe. E com uma particularidade a mais, pois Jonas nasceu em casa. Não sem novidades, não sem abrir espaço para que a ambivalência se reedite, agora sob a forma de uma dificuldade na amamentação, confirmando que um novo encontro é sempre um novo encontro. Ao mesmo tempo, suas capacidades de parir, maternar e amar não são mais questionadas. Sua sabedoria de si, de seus bebês, sobre o que fazer ou não fazer, não vêm mais de fora, não são provenientes do conhecimento médico, mas dela, de sua experiência. Ana agora já sabe que sabe. E vive suas dores, suas dúvidas, seus medos, mas confia em si e recorre a si mesma e a suas próprias vivências para encontrar as respostas necessárias para lidar com as dificuldades que, por ventura, podem e irão surgir.

O tempo perdido

Marina conta com dor e irritação sua primeira experiência de cesariana. Entre o tempo de costurá-la, sua ida para o quarto e o retorno de sua filhinha para seus braços, uma longa espera e nenhuma palavra para justificar tanta demora:

> *Mas aí a Carla veio assim que nasceu, mamou um pouquinho e foi com Roberto [o pai]. Eles fizeram o procedimento e levaram ela. E aí me fecharam e tal e me disseram: "olha, logo, logo a Carla vai estar com você". O parto dela foi 19:45. E aí eu fui pro quarto e encontrei com meus pais. E aí eu não podia falar direito e me deram um bloquinho, tinha um bloquinho e uma caneta. Cara, e foi passando o tempo e Carla não vinha, e Carla não vinha. E eu fui ficando irritada com aquilo. Chegou 11 horas da noite e eu dei um ataque. Eu falei: "Roberto, pergunta o que que está acontecendo, cadê a Carla?" E aí ele ia lá e respondiam: "não, ela está só... passando um pouquinho de tempo na incubadora..." E eu: "mas por quê? Traz minha filha!" E a pediatra, não veio me ver, mas a G.O. veio depois: "você tá bem, tudo certo?". E eu: "tudo certo, cadê minha filha?". "Já tá vindo, já tá*

> *vindo." Cara, ninguém me falou nada. Não aconteceu nada demais, mas eles podiam ter me falado, enfim, ela... só veio depois que eu falei, anotando no papel [após a cesariana é sugerido à mãe que evite falar por algumas horas, para evitar a entrada de ar, que pode acarretar em muita dor abdominal] e eu berrava no papel, em letras garrafais: "Agora! Traz ela agora, senão eu vou urrar, eu vou lá, eu vou lá pegar minha filha! Ninguém me fala nada, o que que tá acontecendo?". E aí ela finalmente veio pro quarto, sei lá, umas três, quase quatro horas depois. E eu não sei o que que aconteceu com ela nesse meio-tempo. Perguntei se tinham dado alguma fórmula pra ela e disseram que não. Ela mamou um pouquinho no peito assim que nasceu, mas foi pouquinho. Não sei como é que ela estava e... a enfermeira finalmente trouxe e falou: "não, foi orientação da pediatra, porque... ela estava com uma secreção". E aí depois a pediatra veio me falar que provavelmente ela ficou mamando e o ar condicionado da sala de cirurgia... e eu assim: gente, por que ninguém fala nada? Ninguém me falou. Ela ficou lá... "E não, porque ela tinha que ficar quentinha e tal..." Eu fiquei muito chateada com isso, muito chateada. E tem aquilo dos primeiros... né? Eu vi ela ali, mas ela ficou dez minutinhos mamando... Tem esses primeiros contatos, ela abrindo o olhinho, né? Começando a olhar em volta, olhar não, mas enfim, ainda não olha direito, mas tem aquela coisa de ficar pertinho, sentindo o cheiro... Eu fiquei muito chateada.*

O bebê é levado e, na fantasia da mãe, o tempo dos procedimentos parece durar uma eternidade. Além disso, há também o efeito da anestesia, que, em seu relato, a deixou "um pouco *off*". Ou seja, é como se, nas primeiras horas de vida do bebê, mas também da mãe como mãe, ocorresse um hiato relacional. Um hiato que impede que mãe e filho aproveitem desse estado de excitação hormonal responsável pelo que, talvez, possamos chamar de amor à primeira vista.

Não seria esse, justamente, um momento em que a mulher se encontraria em um estado mais próximo à irracionalidade? No caso de um parto normal, temos a ação dos hormônios e da adrenalina, além da força do trabalho conjunto, que permitem à mãe e ao bebê se conectarem um ao outro. Ou seja, teríamos, no encontro inicial que se dá pelo esforço dos dois, uma situação propícia para um encantamento e uma aproximação na qual os hormônios serviriam como facilitadores.

A fala de Marina nos leva a pensar no que o tempo de separação significou, para ela, naquele momento. Para onde foram as primeiras horas de vida do bebê? Para onde foi o bebê que havia acabado de sair de dentro dela e que ela ansiava por conhecer? A mãe não sabe o que fizeram com a filha. O bebê volta vestido, penteado, limpo, pois, em geral, o vérnix protetivo com o qual ele nasce é vigorosamente retirado de sua pele. A mãe perde a chance de investigar o corpo da filha, cheirá-la, explorá-la ali, do jeito que veio, sem intervenções, sem outras mãos a lhe tocar, sem outros odores, que não o dela própria, já conhecido, familiar e reassegurador da continuidade de uma existência ainda tão breve, ainda tão urgente, no estado mais absoluto de vir a ser.

Marina diz ter ficado atônita com a capacidade de sugar da filha, habilidade que a deixou maravilhada. Mas rapidamente o bebê foi levado e esse maravilhamento foi interrompido, dando lugar ao ressentimento e à raiva, por ter sido impedida de viver esse primeiro e fundamental momento com sua cria, que a inaugurava como mãe e no qual sua filhinha também lhe apresentava algo de sua própria sabedoria e suas primeiras habilidades. A interrupção deu lugar a uma série de procedimentos (por vezes invasivos e desnecessários) no corpo do bebê e, no que se refere à mãe, a uma angústia de separação e a uma série de perguntas que ficaram sem respostas.

Obviamente, não podemos dizer que o vínculo ficará afetado por isso. Mas esse tempo perdido permanece na memória da mãe, como algo que não aconteceu, deixando um vazio inicial, um tempo não vivido nessa nova condição, ainda desconhecida, que só pode acontecer com o bebê em seus braços, colado em seu corpo, para que possa ser visto, descoberto, investigado. Trata-se do momento em que, de fato, se lambe a cria.

Ainda sobre a separação, ao retomarmos as origens do termo cesárea, procedimento caracterizado pelo corte e que, como vimos, também era marcado pela morte da mãe, cabe pensar em que medida, ao fazer nascer, também morremos. Retomando o termo catástrofe, como propõe Rezende (1999), justamente em um texto de título "Cisão-decisão-indecisão", é pertinente propor que a catástrofe do nascimento estaria ligada ao corte, à cisão, mas também a uma mudança de identidade que, apesar de levar tempo para ser integrada como condição humana, é radical, porque o bebê que chega não espera, e a abertura de espaço, necessária para sua recepção, é marcada pelo luto de uma condição anterior que nunca poderá ser retomada. Nesse sentido, da mesma forma que a morte é o elemento humano mais absoluto no que se refere à falta de controle, assim também parece se constituir o nascimento.

Cabe questionar se a medicalização aparece como forma defensiva que opera, justamente, para cortar os excessos, obturar a falta, negar o não saber, a dor e o luto. Obviamente, é preciso reconhecer a função de um procedimento médico como a cesárea. Como já dito, tal intervenção salva vidas. Por outro lado, podemos nos perguntar em que medida a banalização do procedimento tem como função manter ativados processos psíquicos defensivos.

Enfim, de um lado do lençol, fantasias, sonhos, projeções, medos, expectativas, excessos. Do outro, um médico fazendo uma incisão, retirando um bebê, garantindo e controlando a vida. Em seguida, suturando, examinando, limpando e indo jantar no restaurante da moda.

3. Nascimento: cesura, costura e o umbigo como cicatriz

Inicio este capítulo retomando a entrevista com Marina, mãe de dois filhos: Carla, 6 anos, e Tiago, 1 ano. Seu relato nos remete ao tempo de acomodação em sua nova condição: essa de tornar-se mãe. Tempo necessário para fazer caber em sua vida o bebê que chega, abrindo espaço para este novo ser, ainda desconhecido e, ao mesmo tempo, definitivo.

> *Eu sentia que ele [o marido] não estava entendendo tudo o que estava acontecendo ali. Porque ela [a bebê] era muito tranquila, mas também tinha... eu também tive aquelas coisas de baby blues. Tem umas doideiras emocionais, tipo... em alguns momentos ficar com o humor muito instável, muito instável. E eu me sentia muito sozinha. Muito sozinha. Eram momentos assim, estava tudo certo, ele estava comigo, a gente estava cuidando dela e... o Roberto sempre foi muito parceiro. . . . Então ele falou, "enquanto eu puder, estiver em casa, não estiver trabalhando, eu vou trocar todas as fraldas", e o banho era dele, ele deu*

> *banho desde o primeiro dia e ele dá banho até hoje. Então, ele assumiu algumas funções, pra me dar uma folga, mas tinha momentos em que eu me sentia extremamente sozinha. Eu lembro de momentos de eu ir tomar banho e ficar chorando no banho, muito, muito, muito e não saber. Aquela sensação de... o que que vai acontecer agora? Sou só eu e a bebê e... por mais que ele estivesse ali, a sensação era de que não tinha, era eu e ela. E eu era a responsável. E eu tinha que fazer a coisa dar certo.*

Mãe, pai e bebê vão, à medida que as interações acontecem, desbravando o espaço físico, mas também psíquico, de modo que, finalmente, o filho possa ser visto como um outro que se torna integrante permanente da cena familiar. Observamos, no relato de Marina, o ajuste necessário para que, com o tempo, já menos assustada pela convocação inicial que a dependência absoluta provoca, possa ver a filha e, quem sabe, se encantar com ela. A descrição de seu estado emocional, observado no choro e na sensação de solidão, nos aproxima dessa realidade e nos permite acessarmos o impacto emocional presente no nascimento de um bebê. Testemunhamos, nesse processo, o acontecer de um ajuste psíquico, que se dá à medida que o acolhimento físico também acontece.

Winnicott (1945/2000) nos ensina que os cuidados e a rotina, além da previsibilidade, servem para assegurar ao bebê a experiência do que denomina de continuidade de ser. E vale acrescentar que a mãe, impactada que está, também precisa dessa rotina. A previsibilidade do bebê, certamente, também apazigua as angústias da mãe, assim como o não saber que a invade. O bebê, porém, nem sempre é previsível e passa, ele mesmo, por inúmeros processos de adaptação – as mudanças são constantes e ocorrem a todo momento, não raramente surpreendendo a todos, mas sobretudo à mãe.

Vemos, no relato de Marina, o esforço vivido no sentido de, como propõe Ciccone (2014), realizar um verdadeiro trabalho de ligação ou integração pulsional com a filha recém-nascida. Segundo o autor, a mãe é responsável por ajudar o bebê a ligar ódio e amor, a transformar a violência interna em comunicação lúdica.

Marina nos faz ver a condição de solidão que uma mãe de um bebê recém-nascido pode experimentar. Isso porque tal convocação emitida pela dependência do bebê (ou, em termos kleinianos, pela condição esquizoparanoide dele) demanda do psiquismo da mãe, unicamente, a sustentação necessária para a continuidade de ser da criança. A tarefa de sustentação psíquica do bebê ainda não integrado e absolutamente dependente é tarefa árdua, restando para o chuveiro as lágrimas silenciosas e inconfessáveis de uma mulher que, de acordo com as convenções sociais ainda prevalentes, deveria estar plenamente feliz com a chegada de seu bebê. Mas o que ela nos comunica é o quanto não se sente compreendida. Por mais que o marido se faça presente e disponível, por mais que tente ajudar e participar ativamente dos cuidados com a filha, a convocação emocional acaba sendo exclusivamente da mãe. Trata-se, por tudo isso, de uma jornada interna difícil de ser compartilhada.

Mas, além da dificuldade de compartilhar, ou mesmo se autorizar a reconhecer o sofrimento, o que observo com frequência (e aqui me refiro à minha prática clínica, mas, além disso, a relatos sobre o nascimento em geral) é que, por vezes, a chegada do bebê é descrita de forma que todo esse sofrimento seja negado. Vemos claramente a dificuldade das mães de colocar em palavras a experiência do encontro com o filho que acabam de trazer à luz. Talvez por se tratar de um tempo da vida em que, por parte do bebê, ainda não existam palavras, talvez pelo impacto emocional, além da extenuação física vivenciada, o fato é que essa experiência é sempre descrita de forma superlativa. Além disso, vemos que o discurso materno ressalta, invariavelmente, os aspectos positivos e a alegria de poder acolher o bebê que chega: criança "portadora de esperança", que suscita na mãe "amor incondicional", "desejo de acolher e proteger", "sentimento de plenitude nunca experienciado antes".

Tais relatos parecem nos conduzir a conceber o amor materno como sendo da ordem do instinto; ou seja, movida por manifestações instintivas, a mulher seria naturalmente impelida a se ocupar do bebê. Porém, se considerarmos o fato de que muitas crianças são abandonadas ao nascer, por vezes, em condições muitíssimo adversas, essa afirmação parece contraditória. Afinal, ainda podemos falar de instinto materno?

Considerando essas reflexões, este capítulo tem como objetivo tratar do movimento de aproximação entre a mãe e seu bebê, não como algo dado, não como processo natural, mas como tarefa complexa, envolvendo, em princípio, dois seres desconhecidos, dois psiquismos que se entrelaçam e que, ao mesmo tempo, precisam de tempo para se reconhecer e se conhecer.

A adoção do bebê que acaba de nascer

> *Il font l'act le plus commun et plus inouï, qui consiste à reproduire l'humanité, en prenant en charge un petit d'homme. En étant responsables d'un autre, alors qu'ils ne sont pas d'eux mêmes. C'est virtigineusement banal. Ils se mettent à la place de Dieu, en toute innocence.*[1]
>
> (Eliette Abecassis, 2005)

1 "Eles fazem o ato mais comum e inédito, que é reproduzir a humanidade, tomando conta de um homenzinho. Sendo responsável por um outro, enquanto eles não o são por si mesmos. É banal. Eles se colocam no lugar de Deus, em toda inocência" (tradução nossa).

Penso ser fundamental explicitar as bases do pensamento que me disponho a desenvolver: partirei do princípio de que a maternidade, no humano, deve ser compreendida como sendo da ordem da adoção. O bebê que nasce deverá ser adotado – gesto que só ocorre à medida que ele e a mãe se encontram e passam a se conhecer. Da mesma maneira, a mãe que acolhe, cuida e se ocupa do bebê também deverá ser adotada pelo filho.

A essa ideia, podemos acrescentar, como metáfora, a análise que Freud (1939/2006) faz de um texto de Otto Rank de título *O mito do nascimento do herói* (1909). Das histórias retomadas e analisadas por Rank, é comum, segundo Freud, encontrarmos o mito de que o herói nasce contra a vontade do pai, seja abandonado e salvo em seguida,

> *apesar das más intenções paternas. O abandono num cesto é uma representação simbólica inequívoca do nascimento: cesto é o útero, e a água, o líquido amniótico. O relacionamento genitor-criança é representado, em incontáveis sonhos, por tirar para fora das águas ou delas salvar. (Freud, 1939/2006, p. 23)*

Parece-me significativo que o herói seja abandonado e depois adotado. Se retomarmos a imagem de *sua majestade, o bebê*, aquele que tudo promete, em face do narcisismo dos pais, podemos concebê-lo como esse pequeno herói, capaz de tudo salvar, tudo preencher. Não sem antes ser adotado.

Podemos acrescentar, ainda, a afirmação impactante de Winnicott (1945/2000), ao dizer, diante da Sociedade Britânica de Psicanálise, que um bebê simplesmente não existe: provocação que tem como função chamar atenção para o fato de que tal existência só poderá ser garantida a partir do endereçamento do adulto que olha, enxerga, nomeia e banha de palavras. Retomando Freud (1939/2006) e sua análise dos mitos dos heróis, "apenas um fragmento de todo o mito permanece eficaz: a certeza de que a criança sobreviveu perante poderosas forças externas" (p. 25). Podemos transpor tais forças externas que, em princípio viriam de famílias estranhas ao bebê abandonado, ao esforço dos próprios pais para fazer caber o filho, investindo libidinalmente neste novo ainda estranho, ainda externo, apesar de ter saído das entranhas maternas.

Ao partirmos do princípio de que, como afirma Badinter (1985), existe um mito em torno do amor materno, já tratado anteriormente neste trabalho, retomo alguns elementos fundamentais relacionados ao nascimento e ao encontro entre mãe e bebê. Considerando o significado da linguagem no humano, responsável por aquilo que a psicanálise denomina de *inconsciente*, somos inevitavelmente impelidos a observar a complexidade da maternidade e da relação que se construirá entre a díade que acaba de se encontrar e que trilhará, em conjunto, um percurso que durará toda a vida.

No nascimento de um bebê, nasce uma mãe e um pai, mas algumas coisas também morrem: morre o estatuto de liberdade de um casal, morre a condição única de filha e de filho para que assumam também a condição de pais, e morre o bebê idealizado ao longo da gestação, que não coincide com aquele que acaba de chegar. Para Stern (1995/1997), é preciso que a mãe recém-nascida abandone boa parte das antigas fantasias que guardava relacionadas a reparar, corrigir e mesmo refazer sua infância. É preciso, inclusive, segundo o autor, abandonar a ideia de que é possível retornar a essa infância: "Um mundo (mesmo que parte dele seja ilusão) se foi. E geralmente existe um profundo senso de perda subjacente ao senso dos mundos que foram ganhos" (p. 29).

Vamos, assim, nos aproximando da complexidade que envolve a forma como o bebê irá se organizar psiquicamente: fruto de uma história anterior à sua própria concepção, é somente pelo investimento do outro que poderá sobreviver e se organizar psiquicamente. Para tanto, é preciso que a mãe (ou uma substituta à altura) se disponibilize a receber o bebê que encontra, elaborando o luto do filho imaginário, idealizado durante a gestação. Além disso, ela precisa de tempo para ressignificar seu lugar e seu novo papel, tudo isso associado aos cuidados que deve oferecer ao bebê.

De fato, a chegada de um bebê traz, em sua essência, sentimentos paradoxais e ambivalentes, dificilmente explicitados. O superlativo e a dificuldade de colocar em palavras a experiência vivida nos oferecem elementos para questionarmos o que está em jogo nesse encontro. Vamos, então, nos aproximando da ideia de que o excesso de amor, de afeto, de emoção, a incondicionalidade dos sentimentos, o instinto maternal – termos bastante presentes no discurso das mães "recém-nascidas" – podem ser compreendidos como forma de ocultar as dificuldades enfrentadas.

A experiência clínica nos ensina que, ao oferecermos espaço para que os dramas e as dores enfrentados possam ser acolhidos e significados, contribuímos para que a manifestação do sintoma (muitas vezes localizado no bebê) possa encontrar uma saída por meio das palavras, de modo que este que acaba de nascer possa avançar rumo a seu processo de subjetivação. Refiro-me aqui a trabalhos mais recentes, desenvolvidos sob influência do pensamento de Françoise Dolto, por clínicos da infância precoce como Myriam Szejer (1999a) e Caroline Eliacheff (1995), que atuam no seio das maternidades, fazendo psicanálise diretamente com bebês recém-nascidos. Nesses casos, ainda que na clínica precoce, vemos o trabalho psicanalítico acontecer, colocando palavras justamente onde o sentido escapa.

O trabalho dessas psicanalistas tem início a partir da detecção, por parte da equipe hospitalar, de algum sintoma ou dificuldade no bebê, ainda na maternidade. E caso os pais queiram receber a visita de um psicanalista para uma conversa, em geral, a partir de uma escuta atenta, esse profissional consegue fazer uma ligação entre o sintoma do bebê (recusa em abrir os olhos ou mamar, alergias de pele, problemas respiratórios, entre outros) e o relato dos pais. Em seguida, há uma conversa com o bebê, num exercício interpretativo, levando ao desaparecimento do sintoma em boa parte das situações. Como afirma Szejer (1999b),

> *Cria-se uma condição que pode ser qualificada de placentária, no sentido de lugar de trocas. Ela possibilita a reconquista e a circulação da palavra simbólica na sua integridade. No hospital, a palavra com frequência fica encerrada no sistema médico, chegando às vezes a se tornar uma prisioneira, cuja imobilidade esse sistema cauciona. Apenas a escuta psicanalítica poderá talvez libertá-la. (p. 15)*

Winnicott (1949/2000) afirma que lhe agrada a ideia de que Freud se viu às voltas com a questão do nascimento, mas que não conseguia chegar a uma conclusão definitiva, uma vez que lhe faltavam dados importantes para uma reflexão mais aprofundada do problema. Para o autor, as limitações freudianas relacionavam-se com o fato de que a prática clínica do criador da psicanálise se deu, exclusivamente, com pacientes adultos. Assim, seria inevitável que, apesar de seus anúncios, lhe faltassem elementos centrais, originários de uma prática mais tarde desenvolvida, para que pudesse avançar em suas proposições teóricas.

> *Ao refletirmos sobre o pensamento de Freud, portanto, deveríamos nos lembrar constantemente do que faria ele, um cientista, se estivesse hoje vivo e participasse ativamente do mundo psicanalítico, podendo levar em*

> *consideração os nossos conhecimentos sobre a primeira infância. (Winnicott, 1947/2000, p. 255)*

De fato, ao longo das últimas décadas, a psicanálise vem atentando para a importância de uma observação cuidadosa da relação mãe-bebê como forma de compreendermos a organização psíquica e a ascensão do sujeito (Lacroix & Monmayrant, 1997). Nesse sentido, considero relevante aprofundar a discussão sobre o que chamo de *encontro*: um bebê que vem à luz e uma mãe que também nasce com a chegada do filho.

A cesura e a complexa tarefa de estabelecer a ligação

Freud desenvolveu sua prática clínica, bem como boa parte de seus escritos sobre a psicopatologia da vida adulta, relacionando-a às experiências infantis, mais especificamente no tempo da triangulação edípica. Importante salientar, no entanto, que, em momentos-chave de sua obra, o autor atenta para a importância e a singularidade da relação mãe-bebê como fundamental para a estruturação do sujeito.

> *Há bem mais continuidade entre a vida intrauterina e a primeira infância do que nos faz crer a notável cesura do ato do nascimento. O objeto psíquico materno substitui, para a criança, a situação biológica do feto.*[2] *(Freud, 1926/2014c, p. 80).*

---

2 A primeira tradução, editada pela Imago, utiliza o termo *cesura*. A edição consultada nesta pesquisa, da Companhia das Letras, usa o termo *ruptura*. Optei por manter o termo cesura, uma vez que este se prestará a inúmeras reflexões posteriores, estando, entre elas, o texto de Bion (1989) de título *Two papers: the grid and caesura*, também utilizado neste trabalho.

Em um momento anterior e muito significativo, ainda no início de sua obra, o autor reconhece e valida a importância da figura materna para a estruturação psíquica do filho:

> *Desses primeiros e mais importantes de todos os vínculos sexuais, resta, mesmo depois que a atividade sexual se separa da nutrição, uma parcela significativa que ajuda a preparar a escolha do objeto e, dessa maneira, restaurar a felicidade perdida. Durante todo o período de latência a criança aprende a amar outras pessoas que a ajudam em seu desamparo e satisfazem suas necessidades, e o faz segundo o modelo de sua relação de lactente com a mãe e dando continuidade a ele. (Freud, 1905/2016, p. 99)*

Os anúncios freudianos sobre os momentos iniciais da vida do bebê e sua relação com a mãe apontam a importância fundamental desse tempo da vida para a organização psíquica do humano. Inacabado desde o berço, é na relação primordial e fundante com a figura materna que o bebê adquire as primeiras experiências.

Ou ainda, como afirma Aulagnier (1975/1979),

> *No momento em que a boca encontra o seio, ela encontra e absorve um primeiro gole do mundo. Afeto, sentido, cultura estão co-presentes e são responsáveis pelo gosto das primeiras gotas de leite que o infans toma. A oferta alimentar se acompanha sempre da absorção de um alimento psíquico, que a mãe interpretará como absorção de uma oferta de sentido. Assistiremos perplexos à metamorfose que sobre ela operará o originário. (p. 40)*

Vemos, dessa forma, como a *oferta de sentido* ou, em termos winnicottianos, a criação da *externalidade do mundo* indica a importância e a significação da continuidade entre a vida intrauterina e a primeira infância, como ilustra Freud. Nessa perspectiva, a *cesura* do ato do nascimento, como propõe o autor, traz em si um elemento de complexidade, cujo umbigo, o resto tanto da separação, da condição estrangeira, quanto da necessidade de ligação (agora psíquica), é marca, símbolo, imagem e primeira cicatriz.

O umbigo – A cicatriz que carrega o sonho

Em *A interpretação dos sonhos*, Freud (1900/2012) faz uso do termo "umbigo do sonho". Interessante considerar essa metáfora, justamente na obra que marca o nascimento da psicanálise – o termo é utilizado para referir-se a um ponto crucial, presente no conteúdo manifesto, localizando-o em um momento específico da experiência onírica: "esse ponto onde o sonho é insondável, onde se interrompe o sentido ou toda a possibilidade de sentido" (Freud, 1900/2012, p. 482).

Como afirma Coutinho (2009), para esse ponto, o autor "escolheu uma palavra que se refere à fundamental relação entre mãe e filho, da qual todo ser humano leva no corpo uma cicatriz indelével" (p. 3). Umbigo que representa a separação do bebê de sua mãe, responsável pela primeira experiência de autonomia, como também de dor: a primeira inspiração. Separado biologicamente da mãe, ele agora precisa respirar: primeiro gesto que o impulsiona na direção da autonomia.

A interrupção de sentido seria o aspecto do sonho mais próximo àquilo que, como afirma Rennó (2012), não pode ser reconhecido. Esse ponto do sonho, para o autor, é constituído por uma massa de pensamentos que não podemos desmanchar e que, ao mesmo tempo, mantém um ponto de ligação com o resto do conteúdo onírico.

Assim, o umbigo, cicatriz que nos remete às origens e à separação, pode ser compreendido como resto ou marca de um não pertencimento: artefato mítico da ligação que se perde com o corte do cordão umbilical e onde a vida em sua forma autônoma, ainda que precária, se inicia. Do corte e da cicatriz, observamos o surgimento de uma tensão de resistência localizada entre o biológico e o social: nesse lugar ainda não definido, encontra-se o bebê, ainda não equipado para "lidar psiquicamente com grandes quantidades de excitação, que lhe chegam de fora e de dentro" (Freud, 1926/2014c, p. 90).

O elemento indecifrável do sonho, representado justamente pelo umbigo, remete-nos ao momento do nascimento e nos convida a observarmos o bebê em sua condição de absoluta fragilidade e impotência, diante do choque vivenciado pelo corte daquilo que o unia à mãe. A ruptura do estado de autorregulação, até então experimentado no interior do útero materno, pode ser compreendido como o que Aulagnier (1975/1979, p. 41) descreve como "vivência informulável, um x que, posteriormente, a linguagem designará como sofrimento".

Observamos então que, como o "umbigo do sonho", caracterizado por sua inacessibilidade, assim é o mundo para o bebê: ainda desprovido de sentido, a ser nomeado e apresentado pelo discurso materno para que possa ser encontrado. Ou seja, a perda de unidade na relação com a mãe, experiência da vida intrauterina, impulsiona o bebê na busca de um sentido para essa nova forma de existência. Assim também é o sonho, que traz em si algo que se perdeu e que só poderá ser resgatado pela interpretação. É, pois, somente na relação com um outro que o sentido poderá ser encontrado e nomeado.

Em um texto intitulado *O umbigo de Freud*, Richard Bucher (1984) retoma *A interpretação dos sonhos* referindo-se a essa obra como sendo a

> *origem da psicanálise pelo corte que opera no conhecimento do homem, a 'Traumdeutung', no entanto, se entrelaça também, e de modo genuíno, com o originário do homem, enquanto desvenda a vertente onírica de sua existência.* (p. 143)

Retomar o texto freudiano sobre os sonhos significa retomar, portanto, o nascimento, ou o originário da própria psicanálise. Ao buscar encontrar sentido nos próprios sonhos, Freud se depara com aspectos universais do inconsciente humano: é por meio do processo de autoanálise que o autor entra em contato com conteúdos infantis recalcados e que se atualizam nos sonhos, o que lhe permite compreender aspectos centrais de seu funcionamento psíquico. Em uma produção clínica e metapsicológica rica e reflexiva, o autor chega, ao longo dos anos, ao conceito de aparelho psíquico.

Pensar em aparelho psíquico nos remete, novamente, à fragilidade do bebê humano: com a caixa craniana aberta, imagem e condição representam o inconsciente a céu aberto – termo comumente utilizado para representar a psicose –, condição em que integração ou não integração se manifestam, justamente, na dificuldade de representação do próprio corpo como unidade, com bordas e delimitações que organizam e viabilizam a unidade psicossomática.

Michel Soulé (1999), em um texto intitulado "A placenta, sua vida, sua obra, sua abnegação", traz a seguinte epígrafe: "*In principio erat verbum e ante principio erat placentum*" (p. 47). Observamos, assim, a significação mesma tanto do sentido e da radicalidade "simbolígena" do corte, como afirma Dolto (1984/2015, p. 72), mas também da singularidade da vida placentária que virá carregada de um sentido que se apresentará no discurso. Diz Soulé (1999):

> *Observem seus umbigos, Narcisos! Esse orifício fechado que não serve para nada, nem mesmo em questões de anatomia, exceto para zombarias. Nele, vocês verão seu luto, sua castração, sua orfandade, a ausência de seu gêmeo, a imputação anatômica de sua placenta, que a igreja considera indispensável para que vocês sejam batizados, a marca indelével da placenta morta apenas alguns anos antes de vocês. Sei que assusto vocês fazendo com que se lembrem: de sua mãe, anfitriã do "Albergue do Feto", de sua vida aquática, de suas membranas, do capitão Nemo, primeiro ecografista, de sua filogênese e de toda a metafísica incompreensível. (p. 48)*

E o autor segue dando voz à placenta, afirmando ser ela o "objeto primário do feto" ou o divã no qual o feto constrói suas primeiras associações. Ao tratar da representação da placenta, nos conduz no sentido contrário ao do bebê rumo à vida e ao início das experiências que fundarão nossa vida psíquica. Pensar o bebê na placenta é olhar para a vida intrauterina e supor um sentido de existência anterior à sua chegada ao mundo aéreo. Diz o autor:

> *Uma parte da humanidade gasta bilhões de dólares para que uma pequena cápsula dê algumas voltas ao redor da terra ou da lua. Em certo momento, vemos um pequeno feto abrir a cápsula e sair, cuidando atentamente de seu cordão umbilical. (Soulé, 1999, p. 57)*

Se considerarmos a função do ar, que garante a articulação da fala e do discurso, ou mesmo da primeira forma de comunicação, o choro, que se manifesta, justamente, quando o ar entra e expande os pulmões, entramos em contato com a radicalidade da mudança de condição, vivida pelo "astronauta" de Esther Bick (1964). Ao mesmo tempo, no mundo aquático as palavras não podem ser articuladas e o bebê fica, então, à mercê do discurso do Outro, externo a ele, a quem já escuta e, aos poucos, passa a reconhecer, ainda que mantenha, por algum tempo, sua condição de estrangeiro.

Bucher (1984) nos lembra sobre a falta de significantes disponíveis para designar a experiência da vida intrauterina, assim como o retorno a ela pela morte, mas também pelo sono. "Não há significantes da dimensão umbilical da existência, aquém da simbolização e aberta apenas a uma fantasmatização nostálgica e angustiante" (p. 152).

Para Dolto (1984/2015), a passagem de um mundo a outro implica a perda de percepções conhecidas e o surgimento de novas percepções que irão constituir o que a psicanálise freudiana reconhecerá como sendo o *trauma do nascimento*. Para a autora, esse trauma tem a ver com uma mutação inicial da vida,

> *que marca por um estilo de angústia mais ou menos memorizado, para cada feto que vem para a vida aérea, sua primeira sensação liminar de asfixia associada ao final dado ao elemento aquático quente e ao surgimento no mundo aéreo da força da gravidade. (p. 73)*

Ao retomarmos a simbologia do umbigo, é inevitável pensarmos na representação dessa cicatriz, marca da separação – *cesura do ato do nascimento* (Freud, 1926/2014c) – e, ao mesmo tempo, da dependência, isso que nos faz humanos, em nossa condição de prematuridade extrema. Cesura que representa ruptura e mudança de condição radical: catástrofe que só poderá ganhar um sentido se houver cuidado materno. Assim, é somente a partir do encontro com a mãe e dos cuidados por ela oferecidos que o bebê vai receber as primeiras inscrições.

Afirma Aulagnier (1975/1979): "psique e mundo se encontram e nascem um com o outro, um para o outro; são resultado de um estado de encontro que dissemos ser coextensivo ao estado de existente" (p. 33). Partindo da reflexão proposta pela autora, nesse primeiro momento, a mãe seria a representante do mundo e vai, como propõe Winnicott (1985), oferecendo-o em pequenas doses ao bebê que acaba de chegar. Mas, diante dessa imagem, cabe também perguntar se é uma mãe que faz um bebê ou se é um bebê que faz uma mãe. Ou seja, temos aqui, mais uma vez, uma imbricação relacional complexa na qual ambos vão se ajustando e se transformando à medida que vão se conhecendo e se relacionando.

Segundo Winnicott (1945/2000),

> *na vida normal do bebê ocorrem longos períodos de tempo nos quais o bebê não se importa de ser uma porção de pedacinhos ou um único ser, nem se ele vive no rosto da mãe ou em seu próprio corpo, desde que de tempos em tempos ele se torne uno e sinta alguma coisa. (p. 224)*

Ou seja, é somente a partir da contenção oferecida pelos braços maternos, pela experiência de alimentação e satisfação, pelos cuidados oferecidos ao corpo do bebê, que ele pode, ainda que por pouco tempo, em se tratando do início da vida, viver a experiência de integração.

A árdua tarefa de se conhecer

A adaptação do bebê ao mundo externo ou aéreo dependerá, sobretudo, da capacidade adaptativa da mãe às demandas específicas e particulares do filho. E é somente a partir de um sem-número de experiências que ele aprenderá sobre o tempo, marcado e representado pelas idas e vindas da mãe, adquirindo recursos, ao longo desse processo, para suportar as ausências. Vemos, assim, como as trocas com a mãe possibilitam que o bebê vá, aos poucos, se organizando e encontrando sentido nas experiências, que ganham significado a partir da nomeação materna. Mas é preciso lembrar, com Freud (1931/2014d, p. 381), que "o amor da criança é desmedido, requer exclusividade e não se satisfaz com frações".

Então, ao entrarmos em contato com a condição de dependência absoluta em relação à figura materna, é inevitável refletirmos sobre o lugar da mãe e da exigência, tanto física quanto psíquica, de sua adaptação às necessidades do filho que acaba de nascer. Ao buscarmos compreender tais exigências, tanto do ponto de vista do bebê quanto da mãe, vamos nos aproximando da ideia de que a chegada desse novo ser traz inúmeras dificuldades que precisarão ser acolhidas e mais profundamente compreendidas.

Seguimos então com a fala de Marina, mãe de Carla e Tiago:

> *E aí ao longo do tempo Carla foi deixando de ser aquele bebezuco que dormia muito e foi criando alguns hábitos. Ela foi se revelando. E... eu fiquei muito neurótica com isso. Eu comecei a ler aquele livro A encantadora de babás, não, de bebês... e eu fiquei neurótica com aquele troço. Fiquei neurótica que tinha que fazer uma rotina perfeita, sabe? Porque senão eu não ia voltar a viver. Não ia... eu ia estar só ali com ela, sabe? Eu não ia... eu queria estar ali com ela, mas eu não queria só ser aquilo. E aí, outra coisa que fazia com que eu me sentisse muito sozinha...era que eu não tinha amigas mães. Eu não tinha com quem dividir, então aquelas sensações todas, eu não sabia se alguém mais tinha. E aí eu... em certos momentos eu falava muito claramente pra ele [marido], assim, tipo, eu sei que você tá aqui,*

> *mas eu queria mais. E ele falava "eu não posso te dar mais agora". E eu falava eu sei que você não pode me dar mais, mas eu não tô sentindo como se tivesse sido suficiente... Sabe? Era essa a sensação. Que ele tava ali, mas pra mim não era o suficiente. E... aí eu acho que eu fiquei nessa neurose de rotina e tal, eu acho que um pouco porque eu fiquei com medo de ser só a maternidade. Eu ser só mãe agora e... ficar naquela sozinha. Com aquela sensação o tempo todo. E aí eu comecei a achar que se eu fizesse as coisas direitinho, ela ia entrar naquela rotina e eu ia conseguir ter outras sensações. Eu ia conseguir me experimentar de outras maneiras também. Não tava trabalhando, tava de licença e tal, mas conseguir resgatar um pouquinho da Marina. Que... depois eu fui entender que é importante que a gente se perca e depois se reencontre. . . . Daí eu parei a livre demanda. Ela tinha um mês quando eu parei a livre demanda. E aí eu comecei a botar rotinas de mamada. E aí eu ficava pensando o que eu tinha que fazer e aí eu acho que eu fui muito pra essa, pra esse lado do prático. Porque eu sou uma pessoa muito prática, então eu fui muito pro lado do prático, pra ver se aquela rotininha, aquela praticidade, tudo encaixadinho... se aquela minha sensação melhorava. Se eu conseguia sentir outras coisas que não fosse aquela coisa, meio perdida e sozinha e sem saber se a coisa iria dar certo. Mas só aos poucos eu fui me deixando também levar pela experiência, não só pelas regras, né? Ajustando. Sentindo minha bebê.*

Marina fala de uma solidão e, em seguida, de um vazio que a presença, a ajuda e a disponibilidade do marido não preenchiam. Por mais que ele estivesse inteiro ali, ela sentia que não era suficiente. A convocação interna parecia impossível de ser compartilhada, nem mesmo com seu parceiro, nessa jornada de acolhimento do bebê que, é preciso lembrar, pertence aos dois. Ou seja, nem a presença do marido nem a filha foram capazes de apaziguar a angústia e o que restou à Marina, em princípio, foi recorrer aos manuais.

Interessante o lapso que comete ao falar do nome do livro, confundindo encantadora de bebês com encantadora de babás, ou seja, aquela que tem como profissão cuidar de crianças... Retomo, aqui, mais uma vez, a necessidade de separarmos instinto de amor materno, para nos aproximarmos mais de conceitos como adoção, ajuste, adaptação, reconhecimento mútuo: termos que podem ser compreendidos como a construção da capacidade da mãe de acolher genuinamente seu bebê, a partir de suas interações com ele, contando com o tempo, que vai, aos poucos, permitindo o estabelecimento e a construção de uma relação verdadeira, entre dois seres humanos, com base no cuidado e nas trocas cotidianas. Retomando Badinter (1980/1985), "em vez de instinto, não seria melhor falar de uma fabulosa pressão social para que a mulher só possa se realizar na maternidade?" (p. 355).

Vamos, dessa forma, nos afastando dos instintos e nos aproximando dos aspectos históricos e inconscientes que se atualizam com o nascimento de uma criança. Tais reflexões nos permitem observar que a chegada do bebê, para além daquilo que é comumente descrito como esperança, alegria, amor incondicional, também traz consigo elementos de uma convocação psíquica extrema que pode assustar e, mais do que isso, fazer com que a identidade da mulher seja colocada em questão. Marina, depois, vai se dando conta disso, percebendo que, mais do que o manual, o que precisa é aceitar "se perder para depois se encontrar". Mas, de início, essa convocação psíquica parece sufocá-la, levando-a a não mais conseguir se lembrar de quem era e desejando não "ser só isso".

Winnicott (1956/2000) descreve o estado emocional da mãe no pós-parto como uma "loucura saudável" - estado que lhe permite consagrar-se exclusivamente ao bebê, parecendo justificar, assim, o aforismo freudiano em *Inibição, sintoma e angústia* (1926) sobre a continuidade da vida intrauterina e a primeira infância. Nesse estado, que o autor nomeia de *preocupação materna primária*, o bebê, para a mãe, é aquele do narcisismo primário freudiano - representado pelo desejo de que seja o mais maravilhoso de todos.

Lebovici (1987) atenta, no entanto, para outro aspecto importante dessa relação:

> *quando esta mãe é jovem e primípara, ela fica muitas vezes inquieta por ter de enfrentar esta criança viva e exigente. Certamente, as condições da gestação e do nascimento, sua aceitação ou sua recusa contribuem para as diversas modulações do que nem sempre é um estado de graça. (p. 216)*

Além das dificuldades maternas frequentemente observadas no início da vida do bebê e, no limite, das patologias que se manifestam nas mães, cabe também pensar sobre a radicalidade observada na mudança de condição pela qual o bebê deve passar para vir à luz: do útero materno, que podemos denominar de "mundo aquático", para o "mundo aéreo", suscetível ao estado emocional da mãe, absolutamente dependente e ainda sem recursos para se comunicar (Komniski, Chatelard & Carvalho, 2017).

Além disso, é preciso que mãe e filho se adaptem um ao outro, que encontrem, na medida do possível, uma sintonia e um modo de comunicação. Como afirma Stern (1995/1997), do ponto de vista da mãe, "o nascimento é o local de encontro do bebê agora em seus braços com aquele que está em sua mente" (p. 28). O que é preciso reconhecer é que o bebê não será o objeto obturador das faltas, e tal realização pode ser desorganizadora. Além disso, outro aspecto fundamental a ser considerado é o fato de que do narcisismo todo-poderoso do bebê no útero materno passa-se, em algumas horas, à relação objetal, de dependência absoluta, na qual temos uma mãe fragilizada, segurando em seus braços um bebê em estado de desamparo, o *Hiflosigkeit*, como propõe Freud (1895/1975).

Na descrição de Marina:

> *E eu tinha esses rompantes assim... Teve uma vez que ele [o marido] demorou pra chegar em casa e eu falei ai, não acredito que você me deixa sozinha. Eu tô aqui sozinha a tarde inteira com ela. Eu tô exausta. Eu só faço isso. Eu lembro da sensação de que eu só fazia aquilo. De sentir que eu só fazia aquilo, então tinha que ser tudo certinho. E... que ele não tava entendendo a seriedade daquilo, que aquilo tinha que ser prioridade na vida dele, como eu era... como eu precisava ser, precisava ser na minha, porque tem que ser. Tem um momento que tem que ser a mais absoluta prioridade.*

Sem possibilidade de comunicar verbalmente o que sente e o que o incomoda, o bebê pode ser compreendido a partir de seu estatuto de estrangeiro. Impossibilitado de se comunicar fazendo uso da fala, precisa encontrar recursos em seu próprio corpo e no corpo da mãe, do qual agora está separado, para sobreviver e se relacionar. Podemos, dessa forma, considerar esse bebê como familiar e, ao mesmo tempo, enigmático, tão próximo e tão distante, marcado pelo humano que o caracteriza. Bebê que provoca, em seu entorno, da mãe aos cuidadores, encantamento e terror, alegrias e tristezas, medo e coragem.

Tais ambivalências me parecem relevantes para pensarmos o início da vida. O relato de Marina nos ajuda a compreender a humanidade presente nesse tempo inicial, no qual vemos uma mãe assustada, por vezes impotente, sentindo-se extremamente sozinha e com dificuldades de se reconhecer na nova condição que a convoca de forma absoluta e radical.

Winnicott (1947/2000) é categórico ao afirmar que a mãe odeia seu bebê desde o início. O autor questiona, inclusive, a possibilidade de Freud supor que a mãe, em determinadas circunstâncias, sentisse somente amor pelo filho do sexo masculino. "Mas disto podemos duvidar. Conhecemos o amor de mãe e o admiramos por ser tão forte e tão real" (Winnicott, 1947/2000, p. 285) – em seguida, pede permissão para elencar 23 razões para uma mãe odiar seu bebê e ainda, em tom de ironia, afirma que está ciente de que existem muitas outras.

Compreender a ambivalência presente na relação da mãe com seu bebê passa pelo fato de que, é preciso reconhecer, todo bebê, ao vir à luz, porta consigo um enigma, e sua chegada suscita inúmeras perguntas: quem é, com quem se parece, como acolhê-lo e como compreender suas dificuldades? Além disso, ao refletirmos sobre o narcisismo primário freudiano, é inevitável vermos, no discurso e nas questões levantadas pelos pais, o desejo de que todas as dificuldades vividas por eles na infância, assim como todos os desejos irrealizáveis por eles até então, sejam "recuperados" ou "corrigidos" por meio do filho que acaba de nascer, como bem descreveu Marina:

> *Existe uma mágoa em mim, em relação à minha mãe com o meu irmão. Existe uma mágoa em mim. Que eu não sei localizar, mas existe. Tem uma dor e eu não gostaria de reproduzir isso com a Carla e o Tiago [seus dois filhos]. Eu sei que ela vai ter milhões de cicatrizes, milhões de dores e eu vou ser responsável por algumas*

delas, mas eu não gostaria que essa que eu já conheço fosse uma mera repetição. Eu conheço, eu sei como me magoou, eu sei como isso ainda é, faz parte da minha história com a minha mãe e como o relacionamento que a gente tem hoje é influenciado por isso também. Então eu não gostaria de ter essa relação. Eu quero ter com a Carla outra relação, não a que eu tenho com a minha mãe.

A fala de Marina me parece ilustrativa, uma vez que é sempre impactante, segundo Schniewind (2018), quando nos damos conta de que, não importa a mãe, as mulheres têm pavor de se parecerem com ela. A autora propõe que, na condição de feto, vivemos indiferenciados do corpo materno, e é interessante pensarmos no horror que nos assola quando, ao exercermos a tarefa da maternidade, temos fantasias de voltar a essa condição. Marina fala justamente do quanto os fantasmas da relação com sua própria mãe parecem rondá-la, representados pelas mágoas e cicatrizes, ainda nítidas e vivas, reativados quando se vê aprendendo com a filha sobre a construção de seu novo papel.

Tais questões parecem representar um trabalho de busca pelo ponto zero – o ponto inicial presente em cada um de nós. Nas palavras de Freud (1914/2013c):

No ponto mais delicado do sistema narcísico, a imortalidade do eu, tão duramente acossada pela realidade, a segurança é obtida refugiando-se na criança. O amor dos pais, comovente e no fundo tão infantil, não é outra coisa senão o narcisismo dos pais renascido, que na sua transformação em amor objetal revela inconfundivelmente a sua natureza de outrora. (p. 37)

A afirmação freudiana coloca-nos em contato com a rede de fantasias e protofantasias presentes no momento do nascimento. Sonhado, falado e fantasiado antes de sua chegada, o bebê real precisa se apresentar, ser acolhido e visto pelos pais. Mais uma vez, sua condição de desconhecido, de estrangeiro, precisa ser ressignificada para que a condição de sujeito possa se instalar.

Para tanto, como afirma Stern (1995/1997), a mãe precisa elaborar o fato de que não será mais possível retornar à própria infância, abandonando suas fantasias relacionadas a esse tempo de sua vida: "Ela talvez possa reparar o passado, mas jamais como uma menina novamente" (p. 29).

A passagem de uma condição a outra, que caracteriza a situação do nascimento, é descrita por Bion (1975/1989) em seu texto *Caesura*. Nele, o autor retoma, justamente, a citação freudiana sobre a *cesura* do ato do nascimento, afirmando que a vida intrauterina terá influência sobre a vida psíquica do sujeito e sugerindo que há catástrofe quando um mundo vem abaixo para dar lugar a outro, conceito que será mais bem explorado no próximo capítulo.

Mas o que realmente nos interessa é que a escuta e o acolhimento parecem permitir o descongelamento de uma condição que culpabiliza e isola, deixando a mulher, recém-mãe, em um estado de solidão que pode ser profundamente angustiante.

As lágrimas do chuveiro, tão vivas na memória de Marina, que marcam o sentimento de solidão, dizem da impossibilidade de compartilhar elementos da condição materna que podem ser cruéis e, no limite, inconfessáveis. Finalmente, é preciso lembrar, o que a cesura separa a palavra une, costura e significa. É, pois, imprescindível permitir a emergência do contraditório, de modo a acolhermos aquilo que parece questionar o caminho natural das coisas e das experiências.

4. Nascimento: castração, cataclisma, catástrofe

José [o primeiro filho] traz uma crise no casamento foda! A única grande crise. Eu disse: não vou dar conta. Eu acho que o Paulo [o marido] deu uma pirada. Acho não, ele deu uma pirada. Nisso de... "fudeu. Eu sou pai de família. Casei. Puta merda. Eu tenho uma mulher e tenho um filho agora." Então eu acho que ele quis... olhar pra fora desse casamento e dessa família. E ele olhou... e olharam de volta. Então tem uma figura que aparece com quem ele flerta, com quem ele pensa possibilidades. E foi um processo muito difícil de perdoar. Foi um processo muito difícil. José tinha seis meses. E acho que a gente demorou um ano pra gente... voltar, ficar bem mesmo, até a gente se redescobrir, e tal. E... eu sinto que passou. Eu sinto, não, passou realmente. Outras crises que a gente teve não chegaram nem aos pés dessa, de eu dizer assim, eu vou embora. De dizer

> *assim, não quero mais estar aqui. Nunca mais eu disse isso. Não preciso estar aqui. Muito pelo contrário, eu preciso muito. Eu sinto que me faz muito bem. Que é uma relação de muito amor, de muito respeito, de muito companheirismo. Muito tudo. Muita admiração. Acho que a gente se refez lindamente.*

O relato acima descreve Ana em sua condição de mãe de "primeira viagem". Depois disso, passou por mais três gestações e partos. A escuta de sua experiência com a maternidade nos permite acompanhar os processos e as dificuldades que enfrentou, bem como as mudanças pelas quais passou. Do psiquismo materno, às adaptações do casal para se ajustar à chegada do primeiro filho (como também dos outros que vieram depois), às intervenções e, por vezes, intrusões médicas, inúmeras são as cenas, ricas, complexas e ilustrativas.

Este capítulo desvela alguns desses elementos, buscando pensar o que está em jogo na chegada de um bebê e nos efeitos produzidos pelo nascimento no psiquismo do entorno que dele se ocupa, mais precisamente, na revolução para a parentalidade vivida pelos pais. Para tanto, faço uso de termos como catástrofe, cataclisma e castração, na intenção de pensar a força da natureza presente nesse evento, considerando também as intensidades do psiquismo humano no processo de acolhimento do recém-nascido.

A mudança de cenário

> *Filhos... filhos, melhor não tê-los!*
> *Mas se não os temos, como sabê-los?*
> (Vinícius de Moraes, 1954)

Para além do relato dos partos (já tratados no segundo capítulo), Ana traz, em sua fala, um outro elemento central e importante, relacionado à chegada de um bebê: o casal. A vida conjugal sofre uma revolução e os ajustes necessários são inúmeros. Além disso, os papéis de mãe e pai parecem, de início, ter contornos distintos, trazendo para a relação desafios complexos e, por vezes, dolorosos. No que se refere às diferentes convocações que estão em jogo com a chegada de um bebê, podemos utilizar como exemplo os casos de monoparentalidade. Sem precisarmos de dados oficiais, podemos facilmente afirmar que, no Brasil, existem muito mais mães criando filhos sozinhas do que pais.

De acordo com o relato de Ana, foi preciso uma crise nunca vivida, nem antes nem depois, para que Paulo percebesse que agora, sim, era marido (e pai). Veio uma vontade enorme de "olhar pra fora" e, talvez, fazer de conta que não existia tudo aquilo que lhe convocava, que era de verdade, que era gente com fome, com hora marcada, com gramas e miligramas, e com necessidades. Foi necessária a crise, trazida pela mudança radical da paisagem, para que o casal pudesse se refazer. Foi preciso saber perdoar, lembrar da admiração e do companheirismo, que vão para um lugar que não se pode alcançar quando a urgência da sobrevivência fala mais alto.

Bydlowski (2008) traz um pensamento interessante relacionado à paternidade:

> *separado do corpo do bebê ainda por nascer, o homem tenderia a tomar distância. Ele fugiria de um desejo que ele não pode reconhecer como seu. Ele iria à conquista, através de outros investimentos pessoais ou sociais, de uma imortalidade que uma criança imaginada não lhe permitiria antecipar. (p. 105)*

Em relação à mulher, Bydlowski (2006) afirma que seus investimentos amorosos e profissionais perdem a velocidade e, prestes a se tornar mãe, ela atravessa uma crise maturativa que lembra o período da adolescência. "Esta vulnerabilidade é vivamente ressentida pelos profissionais e tem, frequentemente, como corolário, um sentimento de abandono por parte de seu companheiro" (p. 68, tradução nossa). Vemos, aqui, a cena do cobertor curto, em que um lado sempre ficará descoberto. Afinal, além da demanda de sobrevivência do bebê e, mais do que isso, de previsibilidade da mãe de que ele tanto necessita, temos o pai, ou melhor, o marido, que começa a se ressentir da ausência da mãe, ou melhor, da esposa. Há, pois, mais um elemento que se faz presente na mudança de cena: a necessidade de reorganização ou de ressignificação da relação conjugal.

A transição para a parentalidade é tarefa complexa, que não pode ser antecipada ou prevista. Ser pais de crianças muito pequenas pode afetar a relação conjugal e até representar um risco para o equilíbrio do casal, em função do cansaço gerado pelas tarefas e cuidados que devem ser a elas dedicados.

Guéritault (2004) compara a carga de fadiga significativa do nascimento do primeiro filho com a síndrome de *burnout*,[1] presente em contextos hospitalares.

Bydlowski (2006) também atenta para o fato de que há uma carência conceitual para designar os fenômenos que se situam na encruzilhada das mudanças sociológicas da família no século XXI. Para a autora, a espera e o nascimento de uma criança, especialmente a primeira, introduzem uma crise específica e diferente para cada um dos pais e, como consequência, para o casal, para o qual a aptidão parental é ainda desconhecida. No relato de Ana, tal constatação fica

1 Distúrbio psíquico caracterizado pelo estado de tensão emocional e estresse provocados por condições de trabalho desgastantes.

evidente em sua descrição do estado do marido, que, assustado pela nova demanda, radical em sua forma e condição, tenta "escapar", num desejo de "olhar pra fora" deste circuito intenso, definitivo e exigente.

Observamos, então, que a chegada do primeiro filho parece ser marcada por uma série de não saberes que, inevitavelmente, convocam os pais para um lugar novo e, por vezes, assustador. É o desbravador, que coloca os pais à prova e, ao mesmo tempo, parece arrancar, à força, os recursos dos quais a mãe precisa para que ambos sobrevivam aos desafios deste primeiro encontro, responsável pela perpetuação da espécie, pela continuação da linhagem, da história e da trajetória familiar.

É com a chegada do primeiro filho que se começa a falar em família. E falar em família é também pensar nos infinitos desdobramentos que surgem dessa convocação. Família parece ter um peso institucional, que pode assustar o casal que até então se via junto, unido, mas mantendo o estatuto de liberdade. O primogênito se constitui, nesse sentido, como uma convocação aos pais, novos navegantes desta jornada: quem vai e quem fica? De agora em diante, é preciso criar raízes. Filho pode ser vela, mas com certeza é âncora. Tal combinação navegante é poética, mas também complexa e dolorosa. E a acomodação nessa nova condição, marcada pela chegada do terceiro, leva tempo, como o deslocamento de um barco.

O pai e a força da nomeação

No momento da entrevista, os filhos gêmeos de Isadora já estavam com 2 anos e meio. Ela engravidou aos 25 e os criou sozinha, desde o início.

> *Meus filhos não foram planejados. Eu namorei o pai deles por três anos. Eu era bem jovem quando eu o conheci*

> *e a gente falava de casar e ter filhos, porque eu sempre quis, só que isso ficou mais real quando eu estava com ele e eu sentia que eu seria mãe jovem, que iria acontecer. Só que não foi planejado. Eu tomava anticoncepcional, mas eu engravidei e... nosso relacionamento não estava bom, então quando a gente terminou eu estava com cinco semanas. Foi muito duro, foi muito difícil pra mim, eu já tinha um histórico de depressão e já fazia terapia, tomava antidepressivo. Mas eu lembro que nossa relação já estava muito desgastada, e quando eu engravidei eu fiquei muito feliz e muito tensa, por causa dele. Muito feliz por mim, porque eu pensei, "não foi planejado, mas eu vou... eu dou conta de administrar isso. Vai ser uma coisa boa". Eu já vi tudo acontecendo, então foi muito real pra mim, desde que eu engravidei. Mas com medo de como ele iria reagir. E foi horrível, ele não queria ter, ficou tentando me convencer a não ter, enfim. E aí o resto da gestação a gente não se falou. Foram mais de seis meses sem eu falar com ele e... aí foi isso. Foi essa coisa de... vou ser solo.*

A história de Isadora e sua relação com a maternidade compõem as reflexões deste trabalho com elementos novos e profundamente enriquecedores. Quando ela tinha 9 anos, sua mãe, com quem vivia desde a separação de seus pais, decidiu se mudar de país e anunciou, sem lhe oferecer outras opções, que ela deveria ficar com o pai, com quem havia tido pouco contato até então (os pais se separaram quando ela era bem pequena). Somente depois de adulta, pôde lidar com o trauma dessa separação. A relação com o pai nunca foi fácil, mas foi o que lhe restou. O encontro com Luiz (o namorado de quem mais tarde engravidou) passou a ser, portanto, fonte de segurança e expectativas, apesar de afirmar que se tratava de uma relação que sempre fora muito abusiva. O sonho antigo de ser mãe aconteceu, mas em condições que podemos considerar adversas. O namoro terminou, e ela descobriu tratar-se de uma gestação gemelar. Apesar das tentativas do namorado, da mãe e de algumas amigas de convencê-la a abortar, foi categórica em sustentar a gravidez.

O pai registrou os filhos, mas só foi conhecê-los quando já estavam com 3 semanas de vida. Criticou os nomes escolhidos e insistiu em dizer que ela havia acabado com a vida dele, ao ter tido duas crianças sem seu consentimento. Sobre o parto, Isadora conta um episódio que chama atenção:

> *Eu travava minha mandíbula e pensava, isso tá errado. Travar isso aqui não ajuda, é pior. Não conseguia, eu estava toda... Foi muito difícil meu parto, mesmo sabendo de todas as coisas. A doula tentava me ajudar, mas eu estava muito assim... não tomava água, não comia, não fazia nada, só queria chorar; estava claro que eu estava paralisada. Foi muito difícil. Daí eu fiz um combinado com meu filho. Eles não tinham nome ainda. Eu sabia que era um casal. Eu falei: meu filho, por favor, eu estou precisando da sua ajuda, se você nascer, eu prometo que até o fim do dia eu te dou um nome, porque está muito difícil pra mim, daí eu chorava e aí eu não sei... eu estava fazendo força, fiz força. Daí o expulsivo foi tranquilo. Não sei o que mudou. Eu fiz esse combinado com ele, que parece uma coisa boba, mas eu acho que na hora veio algo assim, de botar uma realidade na coisa: olha, ele é uma pessoa, ele está chegando aí pra você conhecer. E aí foi, ele nasceu.*

Isadora escolheu o nome de seu avô paterno, que é também um dos nomes de seu pai, um simbolismo que não podemos ignorar. Com dificuldades para fazer força, com muito medo da morte, relata suas dificuldades durante o parto, quando, de repente, fez um combinado com o filho, que seria o primeiro a nascer e que ainda não tinha nome. A filha, que nasceu meia hora depois, só foi nomeada no dia seguinte.

Depois da primeira visita, o pai voltou a vê-los com alguma regularidade, quando já estavam com 6 meses. Entrou na justiça para poder levá-los para sua casa e ganhou o direito de passar algumas horas com eles, uma vez por semana, quando estavam com 9 meses. Como Luiz (o pai das crianças) só começou a pagar a pensão quando as crianças estavam com 6 meses, Isadora pediu na justiça o retroativo dos meses anteriores. Nessa disputa, o pai parou de visitá-los quando estavam com 1 ano e meio e, até o período da entrevista, nunca mais apareceu. Chegaram a se cruzar em um *shopping*, mas ele não se aproximou.

A história de Isadora, Luiz e seus filhos chama atenção para um elemento muito singular da maternidade: a mulher é quem decide se levará a gestação adiante ou não. O homem pode tentar dissuadi-la, deixando evidente sua indisponibilidade, sua falta de desejo e, efetivamente, pode não participar da gestação e não exercer a paternidade. Seu corpo não está em jogo e, portanto, não cabe a ele o poder de decisão.

Segundo Bydlowski (1997), "no que se refere ao homem, o desejo de uma criança se formula, com frequência, pela negação: o desejo seria o de sua companheira, ao qual ele não faria mais do que se emprestar" (p. 105, tradução nossa). A autora vai além, ao afirmar que, por vezes, o futuro pai contribui para sua própria exclusão, podendo deixar, ao longo da gestação, um lugar vago na vida de sua companheira.

> *A fuga para a não paternidade seria uma maneira de continuar no lugar de filho perpétuo. Ele se tornaria pai apesar de si mesmo: desejo impossível infantil, ou desejo de continuar no lugar do filho maravilhoso de antigamente. O nascimento de um filho real seria um evento traumático, que anteciparia o pensamento "ou eu ou ele, um dos dois deverá desaparecer" (Bydlowski, 1997, p 106, tradução nossa)*

Cabe, além disso, refletir sobre o simbolismo da decisão dos nomes das crianças: até o parto, elas permaneceram sem nome. Mas Isadora faz um combinado com o filho, prometendo que irá nomeá-lo antes que o dia terminasse. Nome esse que depois seria criticado pelo pai.

Durante o parto, ela é acometida por uma fantasia de morte, talvez relacionada ao pânico diante da realidade de ter de parir e se ocupar, sozinha, de duas crianças. Mas recobrou suas forças ao estabelecer um pacto com o filho, pacto esse que tem a ver com a nomeação. Vemos, neste episódio, a simbologia do nome que abre, então, o espaço necessário para que o encontro aconteça. Inevitável pensar em Lacan (1963/2005) e em sua proposição da metáfora paterna. Para Didier-Weill (2015),

> *O simbólico tem dupla função. De um lado, quer ser reduzido a nada: barra sobre a fantasia. Trata-se daquilo que acontece no trou-matisme, o trauma e o furo do trauma. Ele, contudo, tem outra particularidade, que é aquela de poder renascer das cinzas, de poder insistir. Assim, proponho entender essa insistência como o que permitirá ao sujeito traumatizado sair do estado de morte – morte porque não há mais significância. E eis que advém de*

> *novo a significância, justamente por meio do que Lacan chama de metáfora paterna. A primeira manifestação de Lacan sobre o sujeito é constituída pelas reflexões iniciais sobre o significante do Nome-do-Pai. (p. 74)*

Isadora parece, justamente, renascer das cinzas para nascer junto com seus bebês. Ao se autorizar nomear o filho, ainda que sem a presença do pai, permite que esse enigma, até então sem perspectiva de ser nomeado, aconteça, nasça junto com uma nova condição que parece se instalar nela a partir dessa experiência.

Penso que as experiências de Ana e Isadora nos permitem olhar para a cena do nascimento pela perspectiva da triangulação. Trata-se de observarmos os lugares. Lugares cambiantes, de abertura, transformação, fechamento e deslocamento. O bebê que está dentro do corpo da mãe, e não do pai, sai, gerando inúmeras sensações e convocando as figuras de seu entorno. Para se formar e se desenvolver no corpo da mãe, o bebê precisou de um homem, ou de um pai, mas coube à mãe sustentar seu desenvolvimento ou decidir por eliminá-lo de seu corpo.

Bydlowski (1997) lembra que o pai se encontra ausente do corpo a corpo da gestação. Acrescenta, além disso, que um interdito o mantém afastado da cena do nascimento.

> *A representação do corpo materno enriquecido de um falo, seguido de sua perda que tal cena sugere, é um espetáculo carregado de emoção. A essência da paternidade seria, como sublinha Freud em Moisés e o Monoteísmo (1939), um processo de pensamento. Trata-se de relegar a um segundo plano as percepções sensoriais diretas, que dão lugar às lembranças, deduções, reflexões, todos processos intelectuais tidos como superiores... Assim, o pai irá transmitir seu patronímio e sua história. O outro*

> *aspecto da paternidade será o registro simbólico. (p. 112, tradução nossa)*

Diante da ausência do pai dos bebês, Isadora recorreu ao nome de sua própria linhagem paterna e, com isso, conseguiu liberar o corpo e o psiquismo para a saída do filho, que chegou antes da irmã, abrindo o caminho para a maternidade, que, apesar da ausência paterna, precisa acontecer.

A chegada do bebê e a revolução para a parentalidade: uma cena que se (trans-de)forma

A idealização do bebê parece ter como função obnubilar o fato de que a chegada de um filho submete, inevitavelmente, a mãe, o pai e a relação conjugal a perturbações muito significativas. O testemunho de Ana sobre a crise conjugal que se instala após a chegada do primeiro filho nos permite compreender que tal acontecimento produz um movimento que podemos considerar como cataclísmico, uma vez que modifica o equilíbrio e a paisagem intersubjetiva na qual se encontra o casal, com consequências que podem ser potencialmente deletérias.

Com fins de ilustrar alguns dos "riscos" enfrentados após o nascimento, recorro a um estudo francês: uma pesquisa elaborada pelo Instituto Nacional de Estatística e de Estudos Econômicos (Insee) da França demonstra que 20% a 25% dos casais se separam depois do nascimento do primeiro filho e que 68% das situações de monoparentalidade têm como origem a separação do casal no ano seguinte ao nascimento do filho mais novo.[2]

---

2 Dados do relatório do Insee do ano de 2015 (https://www.insee.fr/fr/statistiques/1283568).

Podemos acrescentar ainda outros dados: de acordo com um estudo feito no Japão pelo Centro Nacional para Saúde e Desenvolvimento da Criança (NCCHD), a principal causa de morte de mulheres grávidas e mães primíparas japonesas é o suicídio. Segundo a pesquisa, quase 30% das mulheres que morreram durante ou depois da gestação tiraram a própria vida. Das 102 mulheres que se suicidaram, três o fizeram enquanto estavam grávidas, 92 depois de darem à luz e sete depois de um filho natimorto. Os cálculos demonstram que mortes relacionadas à gestação e ao pós-parto são quatro vezes maiores se comparadas à população geral de mulheres que cometeram suicídio no ano de 2017. Ainda segundo o estudo, uma mãe primípara tem tendência duas vezes maior de cometer suicídio se comparada a uma mãe que dará à luz um segundo filho. A pesquisa também demonstrou que 25% das mulheres grávidas pela primeira vez apresentaram sinais de depressão pós-parto até duas semanas após o nascimento do bebê.[3]

Tais dados revelam situações dramáticas e, por vezes, extremas que uma gestação e a chegada de um bebê podem produzir. A separação e o suicídio denunciam uma crise interior que é vivenciada em silêncio, difícil de ser traduzida e detectada, uma vez que não chega a ser compartilhada.

Joana, que trabalha com cinema, ainda nos primeiros meses de vida do filho, decidiu que precisava fazer um documentário sobre o pós-parto. Em nossa conversa, descreve como experiência é vivida por muitas mulheres e como a dor e as dificuldades são, em muitos casos, ignoradas ou tratadas como algo sem relevância. Daí, segundo ela, a urgência do documentário. Com poucos recursos financeiros, junto com uma amiga, levou o projeto adiante por considerar que as mulheres precisam saber que não estão sozinhas.

---

3 Recuperado de https://mainichi.jp/english/articles/20180906/p2a/00m/0na/031000c e http://www.asahi.com/ajw/articles/AJ201809210004.html.

Uma tia do Ivo [seu marido] é obstetra, só que ela é outro extremo [médica tradicional, diferente daquilo que Joana buscou para si na gestação e no parto]. E aí eram comuns, nas conversas de família, sendo que vários são médicos, os comentários: "ah, mas essa coisa de depressão pós-parto, o povo faz um auê". Aí eu ficava me perguntando, "será que eu tô exagerando, então?". Dá uma sensação de... eu não tô aproveitando esse momento que todo mundo fala que é tão pleno. Eu não tô conseguindo...
Só que aí teve um momento que ela fez algum comentário que eu fiquei muito irritada e mandei mensagem pra minha amiga e falei: "vamos continuar esse documentário, isso precisa ser divulgado". É preciso falar, porque... médicos falando uma coisa, mães sentindo uma coisa e fazendo outra coisa. Só que é isso, nas redes sociais eu sempre falava que não era fácil, que era sofrido mesmo. Eu nunca menti. E aí as mães que romantizavam vinham inbox e falavam, "pô, é isso mesmo, estou passando o maior perrengue..." Mas aí você ia ver as redes sociais e estava todo mundo tão feliz...
E decidir fazer isso foi maravilhoso, porque essa ideia veio de um processo muito difícil no pós-parto. E é daí que eu acho que vêm as grandes ideias. É um processo difícil perceber o próprio lugar, mas quando você entende você percebe o que você quer fazer. E aí eu sigo tentando, sigo gravando do jeito que dá.

Segundo Bydlowski (2000/2010),

Os eventos do nascimento se fazem, com frequência, objeto de uma intensa idealização e espiritualização. Através do trabalho monótono de idealização, tendemos

> *a embelezar os fatos, buscando descrevê-los de acordo com a forma como os havíamos sonhado. Recebidos do mundo exterior, nós o penetramos com nossa própria sensibilidade com a ilusão de objetividade. O momento de criação que representa o nascimento de uma vida humana é particularmente objeto deste movimento de idealização. (p. 103, tradução nossa)*

A idealização a que a autora se refere nos remete às mães das redes sociais mencionadas por Joana. Cercada por uma família de médicos, entre os quais uma obstetra, viu-se questionando se suas dificuldades eram realmente legítimas ou se talvez "estivesse fazendo um auê". Mas, ao compartilhar sua experiência real, encontrou eco nas mulheres que, embora aparentassem estar plenas, na intimidade revelavam que enfrentavam dores parecidas.

Ao questionarmos a naturalidade da maternidade e observarmos atentamente o impacto provocado pelo nascimento de um bebê, entramos em contato com o não dito, com os medos, as dúvidas, a culpa e, como propõem Fraiberg, Adelson e Shapiro (1975), com os "fantasmas em torno do berço", título do artigo no qual as autoras afirmam haver fantasmas nos quartos de todos os bebês: "São os visitantes do passado esquecido dos pais, os desconvidados do batizado" (p. 1).

Tais "fantasmas" seriam, talvez, o que Freud (2006b) denominou "herança arcaica dos seres humanos". Segundo o autor, tal herança "abrange não apenas disposições, mas também um tema geral: traços de memória da experiência de gerações anteriores" (p. 113).

Considerando tal realidade psíquica, abrir mão da concepção desse evento como algo natural nos permite o acesso a uma série de mudanças desconcertantes: a transformação do corpo materno, que muda com a gestação e depois muda novamente, ao se esvaziar; a abertura do espaço psíquico da mãe para acolher seu bebê; a crise do casal, que precisa se reorganizar para fazer caber o filho que chega e também para acolhê-lo. Estamos diante, pois, de uma gama de movimentos profundamente complexos que nos convocam e nos lembram que a condição humana é, muitas vezes, imprevisível.

Diante disso, parece-me pertinente explorar os sentidos possíveis da maternidade, questionando sua condição, que, inevitavelmente, deixa de ser instintiva para ser pulsional. Vemos, nesse acontecer humano, o tempo do mamífero portador de um inconsciente. Fenômeno que coloca em contato dois seres, em uma situação na qual um alimenta o outro e em que há troca de calor, mas há também emissão de palavras. Trata-se de um fato em si complexo e transformador, pois entramos em contato com nossa condição humana em um encontro intersubjetivo, fundante e transformador. A cena do parto – repleta de gritos, xingamentos, escatologias, choro incontrolável e intenso – nos faz testemunhar, abismados, a entrada do humano na órbita terrestre ou, mais precisamente, na órbita materna.

Nesse momento fundante, vemos um corpo que se preenche de outro corpo e um psiquismo que se preenche de fantasias. Em seguida, vemos esse corpo que se deforma e se transforma se esvaziar. Temos, aí, o primeiro luto: a "saudade da barriga", sentimento assim descrito por muitas mulheres. Mas podemos nos perguntar: de que ordem é essa saudade? Saudade de uma condição que ainda era habitada somente de fantasias, sem o peso concreto da realidade, marcada pelo choro, pelas noites insones, pelo medo, pelo desconforto do novo corpo, ainda em transformação? Temos um corpo deformado que depois se transforma; e temos também uma cena deformada, marcada pela chegada do terceiro, desconhecido, e que demanda outro luto: o do bebê idealizado, sonhado e que, ainda que esperado, nunca é o mesmo das fantasias maternas.

Assim, com a enxurrada de líquidos, com a confusão do choro, com a circulação de pessoas e expectativas, há uma dupla que, ao buscar perpetuar a espécie, seja em função do desejo humano, seja por herança genética, se vê às voltas com a complexidade da dependência humana. E, justamente em função da dependência, ocorre uma alteração radical de cena. Um casal que se olhava nos olhos, que se tocava de forma intensa e exclusiva, passa a ter um terceiro entre si: cheio de demandas, vulnerável, incapaz de sobreviver sem que haja investimento, cuidado e atenção. De uma cena simétrica, fluida, equilibrada, passamos ao caos que a chegada do terceiro produz.

Se a passagem pelo Édipo é a marca paradigmática da organização psíquica humana, devemos lembrar que tal acontecimento se dá, justamente, em um palco contendo uma cena triangular: lugar de disputa, desejo, demanda, amor e ódio. Onde há três, há também exclusão, falta, angústia e morte.

Lembremos de Melanie Klein (1928/1996), para quem a ansiedade mais profunda, em ambos os sexos, vem de uma imago formada a partir de ataques contra o corpo da mãe: mãe ameaçadora, detentora de um pênis hostil, imagem que explicita a figura dos pais combinados, em face do bebê, dependente e impossibilitado de enxergar a tridimensionalidade do lugar em que se encontra.

Se para Klein (1928/1996) o complexo de Édipo entra em ação muito antes do que propõe Freud, já no nascimento vemos o impacto da triangulação. E, em um pequeno extrato de pensamento, vemos como esta "açougueira inspirada", assim nomeada por Lacan, nos arranca do lugar idealizado da infância:

> *a própria criança deseja destruir o objeto libidinal, mordendo-o, devorando-o e cortando-o em pedaços. Isso dá origem à ansiedade, pois o despertar das tendências edipianas é seguido pela introjeção do objeto, do qual*

> *agora se espera a punição. A criança passa a temer um castigo que corresponda à ofensa: o superego se torna algo que morde, devora e corta. (Klein, 1928/1996, p. 217)*

A imagem kleiniana das intensidades infantis nos permite inverter o olhar, que tinha como foco a radicalidade emocional vivida pelos pais, para observarmos também o que se passa dentro do bebê que acaba de entrar na cena. Ou seja, se, do ponto de vista dos pais ou, mais precisamente, da mãe, temos uma deformidade corpórea, mas também psíquica, em função das demandas que começam a surgir, no sentido de atender ao bebê e, mais do que isso, de fazê-lo da melhor maneira possível, do ponto de vista do bebê temos necessidades, urgências, demandas que precisam ser satisfeitas e não podem esperar.

A chegada do segundo filho e a divisão do amor

Ana, durante o relato de seu périplo pela maternidade, traz, então, um outro elemento transformador da cena familiar: a chegada do segundo filho. Neste caso específico, uma filha:

> *Ela [Tati, a segunda filha] chegou linda. De morrer. Eu lembro de olhar pra ela e dizer, "Meu Deus, que bebê linda". Um escândalo. Inacreditável, porque um bebê recém-nascido nunca é bonito. Mas eu vou falar uma coisa que eu acho que eu nunca disse. Eu acho que... tem um desconforto na chegada dela. A chegada dela é a primeira vez que eu divido a minha atenção com o José [o primeiro filho]... Eu sinto isso voltando naquele dia, naquela chegada. Um negócio assim, caramba, vou ter outro filho. É bom e é ruim. Sabe, eu acho que o se-*

> *gundo filho tem esse sentimento ambíguo, porque você está deixando de se dar pra um. Você está se dividindo realmente...*
>
> *... Com Tati, vem uma mudança. E olha, é uma mulher que causa essa mudança! E é engraçado, porque Paulo [o marido] passa por uma transformação muito intensa com a chegada de Tati. Muito intensa. É como se... o olhar dele para as mulheres tivesse mudado... Ele... é engraçado isso. Porque acho que, com a chegada de José, muda o olhar dele para o mundo. Aí vem a Tati e ele muda o olhar sobre as mulheres. E é bonito de ver, mas é difícil também, sabe? Pra mim. Como esposa, como companheira. Como mulher não, como mulher é do caralho, mas como esposa, como mulher do Paulo. . . . ele começa um projeto de nu feminino [Paulo é fotógrafo]. E eu sou escorpiana, e a gente teve uma história de uma figura que rondou ali [ela se refere à crise conjugal depois do nascimento do primeiro filho.] Então, foi um processo. Meu Deus do céu, foi muito difícil. Ciúme! Muito ciúme. E tem a ver com a chegada de Tati, com o olhar dele para o universo feminino. . . . Ele é um cara que está muito atento a isso, ao lugar da mulher. E eu acho que vem com a chegada dela. Então é uma transformação... Tudo sai do lugar, novamente.*

Vemos, novamente, a convocação materna e seus desdobramentos: como coordenar todos os outros acontecimentos humanos à sua volta? Com a chegada do segundo filho a mulher se vê às voltas com o desconforto de, agora sim, saber amar e ter de aprender a amar novamente. Mas amar de novo parece ameaçar a quantidade de amor: como se este precisasse ser dividido, como se a quantidade de energia pulsional fosse finita e não pudesse se multiplicar. Vemos a paisagem se alterar novamente, trazendo outro tipo de desconforto, outra forma de demanda, outro rearranjo. Ocorre uma mudança e, nas palavras da própria Ana, "é uma mulher que causa essa mudança".

Tati, possível ameaça ao amor de mãe, que agora vive o desconforto de se ver aprendendo a amar novamente, provoca outro movimento no pai, que agora fica inteiro, presente, já não tão assustado quanto da primeira vez. E o convoca, menina que é, para um lugar novo, transformando também o olhar dele sobre o mundo. Ana, por sua vez, sente ciúme do interesse do marido pelas mulheres, pelo corpo nu das mulheres. Ciúme que surgiu, não por acaso, com o nascimento da filha.

O desconforto de Ana chama atenção e coloca luz sobre um aspecto que me parece interessante de ser explorado, uma vez que trata de sua condição de mãe, mas também de mulher. Seu relato traz uma "confissão", uma vez que diz nunca ter falado sobre isso antes: trata-se do desconforto que sente com a chegada de seu segundo bebê. Intimamente, questiona sua capacidade de dividir o amor do primeiro filho com aquela que acabara de chegar. Mas sua crise não termina aí. Ana segue, descrevendo as mudanças que observa no marido e os efeitos de tais mudanças nela, como mulher.

Poderíamos trazer para esta discussão a questão edípica central e, é preciso dizer, já amplamente explorada, na qual Freud propõe a dissolução do complexo de Édipo feminino somente quando a mulher dá à luz um filho do sexo masculino. Em 1924, em "A dissolução do complexo de Édipo", o autor faz uma afirmação polêmica: "os dois desejos, de ter um pênis e um filho, permanecem fortemente investidos no inconsciente, e ajudam a preparar o ser feminino para seu futuro papel sexual" (Freud, 1924/2013d, p. 213). Isso nos levaria a pensar que Ana estaria satisfeita com seu filho do sexo masculino, tendo, portanto, dificuldades para fazer caber a filha em seu psiquismo. Interpretação obviamente reducionista.

A questão me parece mais complexa e não se presta a uma compreensão simplista, matemática e mesmo lógica. Trata-se de ampliar a discussão para as múltiplas e infinitas convocações que o encontro com este outro, novo, frágil, dependente e também sedutor, dado que sua libido está toda voltada para si mesmo, é capaz de provocar em nós. Nesse caso, enquanto a mãe se assusta, questionando sua capacidade de partilhar seu investimento afetivo, o pai se encanta. E, ao se encantar com a filha que nasce, amplia seu olhar sobre o mundo feminino, gerando em sua mulher desconforto e ciúme. Novamente, vemos a imprevisibilidade presente no nascimento. Ainda desconhecida, a pequena Tati chega produzindo novas mudanças, novos rearranjos, movimentando a criatividade paterna e convocando-o para enxergar as mulheres e, mais precisamente, o corpo feminino.

Do enamoramento, do encantamento que essa experiência parece ter produzido, resta a Paulo o caminho da sublimação artística, à qual recorre, sem que isso produza rupturas, trazendo, no entanto, efeitos e reações em sua mulher, agora mãe de uma menina.

Castração, cataclisma, catástrofe: a natureza humana

Ferenczi (1929/2011) propõe uma interpretação interessante do que irá chamar de "processos da vida":

> *Acudiu-me a ideia de que, assim como a relação sexual poderia, em nível alucinatório, simbólico e real, adquirir também, de uma certa maneira, o sentido da regressão, pelo menos em sua forma de expressão, aos períodos natal e pré-natal, do mesmo modo o nascimento e a existência anterior, no próprio líquido amniótico, poderia ser um*

> *símbolo orgânico da lembrança dessa grande catástrofe geológica e das lutas pela adaptação que os nossos ancestrais, na linhagem animal, tiveram que enfrentar para adequar-se à vida terrestre e aérea. (p. 48)*

Na imagem proposta pelo autor, a catástrofe geológica impõe, como saída, um enorme exercício adaptativo. Parece, então, coerente associarmos ao trabalho adaptativo vivido pelo bebê, mas também por seu entorno, a força do psiquismo presente no trabalho de acomodação à nova realidade aérea e mental: em algumas horas, observamos toda a potência narcísica se transformar em relação objetal. Em outras palavras, a relação faltante, constitutiva do humano, parece surgir justamente do conflito entre a relação narcísica e a relação objetal, uma vez que o bebê não necessariamente será capaz de preencher a falta, trazendo consigo, entre outras coisas, a necessidade de elaboração de um luto.

A força de um cataclisma traz inundação e faz desaparecer uma paisagem: consequência da invasão da água. Tal imagem me faz lembrar do filme mexicano *Como água para chocolate*, no qual Tita, personagem principal, filha caçula de uma mãe forte e dominadora, nasce na cozinha, em meio aos aromas e sabores que nutrem e alimentam. Da enxurrada de água que sai junto com o bebê, Nacha, a cozinheira, recolhe o sal, que usa para cozinhar durante muitos anos. Água salgada, como as lágrimas, que parecem denunciar o destino implacável de Tita, cuja mãe determina que, por ser a filha mais nova, nunca poderá se casar, já que será responsável por cuidar da mãe até sua morte. O pai de Tita morre assim que ela nasce, e a paisagem que muda com seu nascimento se altera novamente. O ódio e as frustrações da mãe buscam ofuscar o brilho da filha caçula, cuja sexualidade e cujo desejo parecem afrontar as insatisfações maternas.

Já a castração nos remete ao umbigo, como vimos – artefato mítico da separação, cicatriz que marca o início da autonomia respiratória e, ao mesmo tempo, denuncia a relação de dependência que, como nos lembra Freud (1905/1996), perseguirá o humano por toda sua vida.

Para Dolto (1984/2015), essa primeira separação "é concomitante ao nascimento e é fundadora, nas modalidades de alegria ou de angústia que acompanharam o nascimento da criança em sua relação com o desejo dos outros" (p. 73). A autora vai além, ao afirmar que o nascimento é marcado por "modificações cataclísmicas" (p. 73). Temos, nessa cena inicial e irreversível, mais uma imagem forte: o bebê, a partir da cesura umbilical, é invadido pelas forças físicas do mundo externo, luz, sons, odores e a descoberta do peso, que origina de seu próprio corpo, mas também o das projeções parentais, como acontecimento inevitável desse encontro inicial.

Rezende (1999), ao tratar do texto bioniano intitulado "Cesura" (1975/1989), retoma a etimologia do termo catástrofe, cuja origem remonta ao vocabulário do teatro grego e que caracteriza a passagem de uma estrofe a outra:

> *Toda mudança de cena era indicada por uma nova estrofe (catastrófica), tanto mais significativa quanto mais a cena seguinte era diferente da precedente. No contexto das tragédias, a mudança catastrófica enfatizava o conflito entre vida e morte, em situações de grande perigo. (p. 7)*

Dolto (1984/2015) faz uso do termo castração umbilical, uma vez que, em sua visão, o nascimento constitui efetivamente a primeira castração. Para a autora, o nascimento é, aparentemente, um fator da natureza. No entanto, avança sua reflexão para pensar a complexidade que caracteriza a recepção do bebê em um mundo de linguagem. Para a autora, o papel simbolígeno do nascimento

> *marca com modalidades emocionais primeiro sua chegada ao mundo enquanto ser humano, homem ou mulher, acolhido segundo o sexo o qual seu corpo testemunha pela primeira vez, e segundo a maneira pela qual é aceito tal como é, frustrante ou gratificante para o narcisismo de cada um de seus pais. (Dolto, 1984/2015, p. 72)*

Lembra, ainda, que a primeira castração pode ser compreendida como matriz para as castrações ulteriores.

A autora descreve as experiências fisiológicas vividas pela criança recém-nascida, sem deixar de considerar o fator psíquico que também se manifesta e se instala: o grito sonoro que se segue à primeira inspiração, a evacuação do conteúdo intestinal, aquisição de novas percepções como o olfato – sentido que, segundo sua concepção, é, inconscientemente, o primeiro impacto de uma referenciação particular de sua relação com a mãe. Todas essas vivências corporais e de ascensão ao mundo aéreo, mundo das palavras, marcam o encontro, mas marcam também a perda da condição homeostática, de preservação da energia e da condição de simbiose com o corpo materno (mas não ainda com a figura materna). Diz a autora:

> *Modificações cataclísmicas, marcam, portanto, nosso nascimento, nossa primeira parte mutante, pela qual deixamos uma parte importante daquilo que constituía in útero nosso próprio organismo, invólucros amnióticos, placenta, cordão umbilical; parte graças à qual pudemos ser viáveis para um outro espaço que, ao nos acolher, nos leva à situação de retorno impossível ao espaço anterior,*

> *ao modo de viver e de gozar que havíamos ali conhecido. (Dolto, 1984/2015, p. 73)*

Entre os elementos catastróficos e contraditórios que marcam o nascimento, vale retomar Freud (1920/2014b) em sua teorização sobre a pulsão de morte, quando afirma que:

> *... se é lícito aceitarmos, como experiência que não tem exceção, que todo ser vivo morre por razões internas, retorna ao estado inorgânico, então só podemos dizer que o objetivo de toda vida é a morte, e, retrospectivamente, que o inanimado existia antes que o vivente. (p. 204)*

Parece, pois, inevitável considerarmos que a catástrofe do nascimento também se relaciona ao fato de que, ao nascermos, também começamos a morrer.

Se, para Rezende (1999), no contexto das tragédias, a passagem de uma cena a outra era marcada pelo coro, que cantava outra estrofe, como forma de preparar os espectadores para uma mudança radical e, nesse sentido, catastrófica, desse mesmo movimento radical podemos evocar Buber (2006).

Ao descrever a passagem do bebê do útero materno para o mundo externo, em um movimento brusco e catastrófico, afirma:

> *A criança sai das trevas candentes e do caos e se dirige para a criação clara e fria. Mas ela não a possui ainda; ela deve antes de tudo esclarecê-la, fazendo-a para si mesma uma realidade; ela deve contemplar o seu mundo, escutá-lo, senti-lo, manipulá-lo. A criação revela a sua essência como forma no encontro. (Buber, 2006, p. 25)*

A reflexão buberiana sobre o bebê que deverá se apropriar do mundo e das relações para que possa se tornar um *Eu* me faz pensar em Goethe, citado por Freud (1913/2013a), quando diz que aquilo que herdamos deverá ser conquistado para que possa ser efetivamente nosso.

Por outro lado, se nessa passagem o bebê deverá trabalhar arduamente para se constituir e para que possa, efetivamente, fazer sua a herança que recebe (para o bem e para o mal, é preciso lembrar, uma vez que sabemos dos efeitos mortíferos dos ciclos repetitivos), a tarefa parental não é menos complexa.

É verdade que nascemos, mas não nascemos mães e pais – nascemos filhos e, nesse sentido, ao fazer nascer nossos filhos, subvertemos uma função conhecida, para nos transformarmos. Da transparência psíquica materna (Bydlowsski, 1997), condição que se manifesta durante a gestação, trazendo à tona experiências psíquicas há muito esquecidas ou que nem mesmo poderiam ser lembradas, de tão remotas, nasce o bebê, o mais prematuro dos animais, com a caixa craniana aberta, sensível e inacabada, expondo a mais absoluta fragilidade psicossomática.

A imagem da caixa craniana aberta me parece uma excelente metáfora da condição de receptáculo das inscrições que se desenham a partir das interações que estão por vir e que marcarão o início da trajetória humana. E, para acolher a prematuridade do bebê, temos uma mãe também prematura. Prematura, pois este encontro é sempre novo e, portanto, desconhecido. Prematura, pois a gestação é um período de labilidade emocional, de encontro com elementos psíquicos desconhecidos e intensos. Prematura, porque o bebê é sempre imprevisível e necessariamente dependente. Prematura, porque, por mais que se considere preparada, a nova vida que emerge de suas entranhas é portadora de um mistério, sobre o qual nada se sabe, mas tudo se espera.

É verdade que nascer é separar e, como nos lembra André (2010), sabemos o valor da angústia, mas também o valor da autonomia psíquica que deriva da experiência de separação e, mais, de poder se separar. Na cena do carretel, o bebê freudiano, bebê de filiação e também de teoria, representa, de forma triunfal e jubilatória, o peso traumático da separação, mas também da força que esta representa para a organização psíquica, nesse caso presentificada pela capacidade de brincar e, ao brincar, ser capaz de controlar, de forma onipotente, a angústia que a separação produz.

Interessante retomarmos a etimologia do termo separação, que deriva do latim *parere*, "fazer nascer". André (2010) chama atenção para o fato de que não podemos, ou melhor, não sabemos lidar com a separação, sendo o nascimento a primeira experiência dessa ordem. Assim, a partir dessa primeira experiência, passamos a vida nesse movimento, buscando retomar a condição inicial em que éramos unidade, junção, indiferenciação, para depois separarmos e revivermos o trauma inaugural, na esperança de poder juntar, fundir e viver novamente a plenitude. Tarefa inglória para nós, seres de linguagem, sempre faltantes, sempre vorazes, permanentemente insatisfeitos.

Falar de nascimento relacionando-o a termos como catástrofe, castração e cataclisma tem, portanto, como objetivo desconstruir a naturalidade desse evento, buscando observá-lo como experiência intensa e transformadora, tanto para a mãe como para aquele que nasce. Termos em geral utilizados quando tratamos da força da natureza, vemos, justamente nesse evento que conjuga natureza e cultura, a subversão humana nas relações e no cuidado.

Mais um paradoxo, uma vez que a natureza não será, em si, a responsável pela perpetuação da espécie, e sim a construção de uma relação, complexa e transformadora, que acontecerá junto com a tecelagem temporal. Assim, penso que a construção da relação que se dará pelo cuidado, a ser tratada no capítulo seguinte, produzirá, inevitavelmente, outra imagem paradoxal: se o impacto inicial provocado pelo nascimento do bebê pode ser simbolizado pela âncora, que segura, fixa e impede que o barco vague sem rumo e com liberdade, o possível amor a ser encontrado e descoberto, passado o susto, pode ser representado pela vela, que permite ao barco navegar com rapidez e vigor.

5. O tempo e o ritmo: a entrada do bebê na órbita materna

Já nascemos em situação de risco. Tivemos que inventar uma espécie de segundo ventre, um ventre protetor que prolongasse esse efeito de aconchego que era o ventre materno. Esse novo ventre, esse novo aconchego, não é feito de carne, de matéria, mas é feito de afetos, é feito de vozes, é feito de relações que são inventadas. Esse ventre chama-se infância. A infância não foi inventada pela espécie humana. Na história da evolução quem inventou a infância foram os pássaros. Curiosamente quem inventa o voo inventa também a infância. As aves são os primeiros a tratar das crias, a colocar nisso um empenho tão vital que esse sentimento nós já podemos chamar de amor. Começa ali. É uma relação que acaba por confundir aquilo que é da mãe e o que é do filho. (Mia Couto, 2013)

Antes de engravidar de Lucas, agora com 1 ano de idade, Joana optou pela interrupção de uma gestação, fruto de um relacionamento abusivo. O aborto e o fim da relação contribuíram para um estado depressivo e de isolamento social. Além disso, sofreu um acidente, e ficou gravemente ferida, o que a levou a se isolar ainda mais. Quando começou a se abrir novamente para a vida social, reencontrou um colega de faculdade e iniciou uma relação, mas sem muito compromisso. Engravidou em seguida, e decidiu que não tinha condições emocionais de interromper outra gestação.

> *Não foi por questão moralista, mas foi meio que pra me salvar também, senão eu iria surtar de vez.*
> *Quando meu filho tinha 6 meses eu voltei pra terapia. Eu tava meio lá meio cá, com saudade da vida que eu tinha, querendo sair e encontrar as pessoas, ao mesmo tempo querendo focar na minha rotina nova e não conseguindo, então eu não tava nem ali, nem aqui. E aí começou a ficar muito, muito forte isso, comecei a me ver num estado catatônico, olhando pro nada, sem conseguir fazer as coisas que eu queria fazer e sem cuidar do bebê. No começo eu achava que era normal: cansaço, privação de sono, mas meu contato pelas redes sociais me fazia ver todo mundo feliz, todo mundo muito contente, as mães realizadas, plenas e eu não tava sentindo nada disso. Todo mundo fala "ah, você vai ter uma depressãozinha depois do parto", como se fosse ser muito normal, mas falei pra mim mesma, "nossa, isso tá muito forte". Eu tava numa crise bem pesada. Acabei pedindo pra ir a um psiquiatra, porque a terapia tava sendo boa, mas eu ainda tava paralisada. E com a medicação consegui sair do buraco. Voltei a me sentir útil, consegui começar a cuidar do Lucas. Saí do buraco, e aos poucos comecei*

a pegar uns free lances aqui e ali e aí comecei a me sentir útil de novo. E aí comecei a interagir melhor com o Lucas e ter uma conexão maior com ele, não só de obrigação, mas de ter prazer mesmo, de estar com ele.

A descrição de Joana da gestação e dos primeiros meses de vida do filho me levam a pensar sobre tempo e identidade. Refiro-me aqui ao tempo de adaptação da mãe a esta nova condição que transforma a realidade, trazendo demandas, exigindo reorganização, mudanças e impondo restrições.

Suspender a vida para cuidar do filho parece tê-la levado a se perder de si mesma, ou, pelo menos, daquilo que conhecia de si. Fazer outro aborto, por outro lado, não era uma possibilidade. Ao contrário: encarou a gestação como uma forma de se salvar, ou então "iria surtar de vez".

Joana se cuidou como pôde – procurou terapia, frequentou um centro espírita, buscando assim reparar as feridas causadas pela relação amorosa doentia, mas também pela gestação interrompida anteriormente. Podemos supor que, ao engravidar inesperadamente, é possível que tenha projetado nesse acontecimento, e até mesmo no bebê, sua salvação. Mas a salvação não chegou – o filho não foi capaz de tirá-la deste estado desconhecido, de "catatonia". Sem a rotina de trabalho, sua forma central de reconhecimento de si, sem a vida social da juventude e sem prazer com a maternidade (que supunha que as mulheres que encontrava nas redes sociais estariam sentindo), via-se sem nada. E é categórica ao dizer que o remédio a ajudou a "sair do buraco, a sair do estado catatônico". Com a melhora emocional, a possibilidade de retomar o trabalho – condição conhecida e reasseguradora –, passou, então, a sentir prazer na relação com o filho para além dos cuidados e da obrigação. Mas primeiro foi preciso se reencontrar para poder encontrar o filho.

A imagem do buraco me remete ao buraco negro – este lugar onde não há: nem o nada nem mesmo a falta de sentido. Retomo, então, a condição de deformidade: deformidade do corpo, deformidade de uma condição. A chegada do terceiro, número ímpar, produz uma cena assimétrica, que produz desequilíbrio e empurra o humano, ser de linguagem, para o lugar extremo do não saber, pois não lhe é permitido não amar, sobretudo em se tratando deste íntimo que, em princípio, lhe pertence, mas que é ainda desconhecido.

Àquele que trazemos à luz somos obrigados a oferecer tudo. Qualquer comportamento fora disso é inaceitável, distópico. Mas quando estamos diante da mãe que não se reconhece nesse papel, para quem a chegada do filho traz um afastamento daquilo que lhe era conhecido e familiar, somos obrigados a repensar o amor e, pela via psicanalítica, somos convocados a ir em busca do elo perdido, característico da condição humana. O elo que falta para compreendermos como se dá a entrada do bebê na vida e no psiquismo de seus pais.

Esbarramos, assim, na história transgeracional, que é transmitida pelo discurso, mas também por sua falta, pelo cuidado, mas também pela negligência, pela adoção, mas também pelo abandono e, no limite, pela violência àquele que é vulnerável, que é sempre mais fraco e que, em sua fragilidade, convoca e assusta.

O capítulo anterior foi povoado por imagens impactantes, representadas pelos significantes catástrofe, cataclisma, castração cujo objetivo era compreender o sentido e a direção do nascimento no humano como algo constitutivo e, ao mesmo tempo, desconcertante. Neste capítulo abordo a significação da relação a ser construída entre a mãe e seu bebê. Ambos pré-maturos, é preciso lembrar. Nesse processo, o que sabemos é que a díade deverá enfrentar, em parceria, os desafios que a convocação da dependência produz.

O sujeito, ou vir a ser e seu encontro com o mundo

Algumas teriam medo, a maior parte amor.
A conclusão é que, por uma ou por outra porta,
amor ou vaidade, o que o embrião quer é entrar na vida.
(Machado de Assis, 1904/1992)

Diferentes autores que abordam o momento do nascimento apontam o desamparo como marca fundante da condição humana e, como consequência, a relação de dependência. A mãe então, desde que em condições de se disponibilizar para seu bebê, atendendo-o na medida de suas necessidades, vai oferecendo e permitindo a ele o acesso à sensação de gravidade, até então desconhecida. Winnicott (1952/2000) propõe, em relação a isso, uma ideia interessante: "à medida que o bebê aprende a engatinhar, e mais tarde a andar, a função de sustentação da mãe é substituída pelo solo. Esta deve ser uma das razões mais importantes pelas quais a terra é percebida inconscientemente como mãe" (p. 163).

Para usar uma imagem representativa de tal relação, Cintra e Figueiredo (2004/2010) propõem que "o corpo da mãe é a metáfora do primeiro ambiente da criança" (p. 73) – os registros mnêmicos deste tempo marcam o corpo, tatuagens invisíveis de uma história que se inicia. Na linguagem do corpo, observamos aquilo que não pôde ser expresso em linguagem simbólica, aspectos da organização psíquica primitiva que Winnicott (1952/2000) denomina de terrores extremos, sem fim, sem limites – angústias impensáveis, uma vez que não há psiquismo minimamente organizado para pensá-las.

Françoise Dolto (1997) vai além, afirmando que, diante de sintomas que surjam entre o nascimento e 9 meses, cabe interrogar sobre algum evento que possa ter ocorrido na fase intrauterina. Podemos acrescentar ainda as patologias clássicas dos recém-nascidos, como os problemas cutâneos ou respiratórios (Elliacheff, 1995).

O que pretendo sublinhar é o sentido da falta das palavras e a capacidade (ainda que precária) do bebê de comunicar, por meio de seu corpo, elementos da dinâmica emocional maternal ou familiar. Nesse sentido, ao entrar no mundo, o bebê passa a fazer parte de um circuito, mas seu lugar só será garantido a partir de uma abertura do espaço psíquico que o inclua na nova dinâmica. A sobrevivência psíquica da criança se dá, pois, como afirma Eliacheff (1995), graças aos "elos simbólicos e imaginários" que são criados a partir da relação (p. 29).

Fica evidente, então, a importância da disponibilidade e sensibilidade maternas para viabilizar a chegada e a introdução do bebê ao mundo externo. A maneira como a mãe apresenta o mundo ao bebê nos diz algo sobre os primeiros acordes de comunicação da díade. Além disso, é preciso lembrar que o feto testemunha, de dentro do útero materno, os movimentos físicos e emocionais dessa que o carrega e gesta. Mas tais percepções são puramente sensoriais. Para poder pensá-las, serão necessárias as palavras, que virão depois e que, assim esperamos, sejam justas o suficiente para que alguma significação de existência possa começar a se instalar.

A sensibilidade e a adaptação maternas, portanto, permitem ao bebê sobreviver à angústia presente na condição de desamparo experimentada no ato do nascimento. Freud (1926/2014c) já chamava atenção para a significação do início da vida, marcado, sobretudo, pela separação da mãe:

> *Nos dois aspectos, como fenômeno automático e como sinal salvador, a angústia revela-se produto do desamparo psíquico do bebê, que é a contrapartida evidente de seu*

> *desamparo biológico. Não requer interpretação psicológica a notável coincidência de que tanto a angústia do nascimento como a angústia do bebê são determinadas pela separação da mãe. (p. 80)*

A partir da condição de desamparo e, ao mesmo tempo, da presença materna, vamos nos aproximando deste sentido que podemos denominar órbita mútua – bebê e mãe, que se atraem, se afastam, buscam formas de comunicação: a mãe que fala, canta, relata, conta, descreve, projeta, e o bebê que necessita de contato humano e cuidado para que, no limite, possa sobreviver. Observamos, nessa relação de encantamento e dificuldades, uma dupla tentando se conhecer e se comunicar: movimentos e formas que vão desenhando a organização psicossomática de um ser frágil, dependente, à mercê do outro.

> *Me caiu a ficha que eu tava grávida ali, quando ele nasceu. De ver assim, ele [Lucas] materializado. Ah, é um rosto familiar, mas... parecia que eu já conhecia ele, só não sabia o rosto. Ah, esse é seu rosto? Foi bem emocionante. A gente ficou assim, meio em choque também, tipo... e agora? Eu não tinha proximidade com bebês antes, então ia começar do zero.*

Joana reconhece seu bebê, mas, apesar do rosto familiar, da constatação de que, sim, era ele que estava dentro dela, há também um choque relacionado a essa novidade que a dependência e o desconhecimento trazem. A falta de contato e de experiência com bebês a interpela e vemos como, já nesses primeiros momentos, a chegada do filho vem também acompanhada de medo e insegurança.

Tais intensidades que o "choque" do encontro inicial pode revelar nos aproximam também das angústias infantis, marcadas por um bebê que, em face de seu objeto primário, vive a angústia da imprevisibilidade, uma vez que não pode saber como será a mãe. E então podemos nos perguntar, nos colocando no lugar do bebê: será que ela será a mesma de antes, a mesma do encontro anterior? E aqui é preciso lembrar que o terrível, graças à culpabilidade humana (sempre uma das marcas da maternidade), é que a resposta é e será sempre incerta. Ainda que Winnicott (1945/2000) insista na importância de que ela seja, de que ela esteja. A mesma de antes, a mesma depois, simplesmente a mesma. Constante. Previsível. Dedicada. Mas onde colocamos os excessos humanos, nesta matemática em que um mais um fará três?

Talvez, justamente em função desses excessos, psicanalistas que observaram de perto os bebês irão desenvolver algo que não aparece na obra freudiana ou, segundo Roussillon (2008), pelo menos não de maneira evidente: "uma teoria da necessidade de segurança e que considero central, mas raramente abordada como tal pelos psicanalistas" (p. 11, tradução nossa). A essa necessidade, a essa demanda humana de constância e previsibilidade, devemos acrescentar o fato de que a mãe é sempre complexa e, em certa medida, sempre misteriosa. Ou seja, a criança não pode conceber um objeto total e a clivagem entre bem e mal pode ser então uma tradução da ambivalência, sempre presente, sempre enigmática, uma vez que é constitutiva da condição humana à que a mãe, apesar de mãe, está submetida.

Acrescentemos ainda um outro elemento importante observado neste período inicial, já marcado pelos excessos, pelas falhas e pelas faltas. Winnicott (1956/2000), ao desenvolver o conceito de preocupação materna primária, descreve que o estado de alteração psíquica observado na mãe começa a se instalar ainda no final da gestação. Ou seja, já na gravidez a mulher opera uma lenta retirada de seu mundo familiar.

Observamos que a gestação é, portanto, um período em que a mulher, agora "portadora" de um bebê, passa por transformações significativas, mas, devemos lembrar, as atenções de seu entorno estão, em geral, voltadas para o desenvolvimento do bebê. Bydlowski (1997) propõe o termo transparência psíquica para descrever o estado mental da mãe durante a gestação. Tal condição, diz a autora, é um momento privilegiado para se fazer uma aliança terapêutica, permitindo à mulher a possibilidade de entrar em contato com lembranças dolorosas e fantasmas que, escondidos, porém persistentes, podem pesar sobre o filho que está para nascer. "Tal aliança ajudará, desta forma, o desenvolvimento de uma maior disponibilidade da jovem mãe para o recém-nascido" (Bydlowski, 1997, p. 96, tradução nossa).

A compreensão dessa ideia me parece significativa, pois se retomarmos o conceito de preocupação materna primária proposto por Winnicott (1956/2000), ou mesmo o de mãe suficientemente boa, veremos que o autor os desenvolve pensando na disponibilidade materna para lidar com seu bebê.

Por outro lado, Bydlowski (1997), ao propor o termo transparência psíquica, indica que a mãe também está suscetível a seus próprios movimentos psíquicos internos que, por sua vez, poderão inundar seu psiquismo com fantasmas primitivos, afastando-a ou impedindo-a de se conectar com as necessidades do bebê. Nesse sentido, propõe a autora, "as mulheres mais sensíveis pressentem que, ao produzir uma nova vida, se expõem a uma ameaça que faz parte de um destino humano irredutível" (p. 14, tradução nossa).

Tal constatação é desconcertante e realista, pois nomeia um elemento nu e cru da maternidade, qual seja, sua condição de eternidade. Assim, o espaço de escuta e de simbolização é significativo, pois permite à mulher viver as angústias, as dúvidas, os medos e fantasmas, mas tê-los legitimados, uma vez que para a maternidade não há resgate possível. Quando reconhecemos tal lei, vemos o quão intensa é essa condição, cruel em sua eternidade, mas, ao mesmo tempo, transformadora. Nomeamos viúvo ou viúva aquele que perdeu o parceiro ou a parceira; órfão, o filho que perdeu a mãe ou o pai. Mas não há nomeação possível para a mãe (ou pai) que perde o filho, dada sua condição de eternidade, responsável pela perpetuação da espécie humana. Como disse Freud no dia seguinte à morte de sua mãe, em uma carta a Ferenczi, "eu não tinha o direito de morrer quando ela estava ainda viva e agora eu tenho" (Freud, citado por Baldacci, 2019, p. 30, tradução nossa).

Vemos, na revolução para a parentalidade, uma mudança de lugar, de posição e, também, de formas de investimento, colocando o sujeito diante da dependência, mas invocando, ainda, os elementos ancestrais de sua história. Para Bydlowski (1997), a experiência do parto nos toca no que há de essencial na condição humana, uma vez que liga a mulher à natureza, à sua espécie, mas também a seus ascendentes. Por outro lado, a autora lembra que o deslumbramento observado na gestação, bem como nos relatos sobre a maternidade, busca dissimular um abismo muito bem escondido, que é dificilmente reconhecido ou imaginado e, acrescenta, para a mulher a esperança de uma gestação é sempre cheia de irrealismo: "bebê imaginado deverá tudo preencher, tudo reparar: lutos, solidão, destino; ele é o objeto por excelência" (Bydlowski, 2000/2010, p. 67, tradução nossa).

Joana, que viveu, de início, a fantasia de que o bebê que gestava estava ali para "salvá-la", fala sobre os efeitos convocatórios da dependência:

> *Mas durante esse processo, principalmente antes dos seis meses, de eu detectar a depressão pós-parto, eu achava um pouco sofrível sim, porque eu me sentia refém dele. Quando ele ficava doente, quando ele tinha cólica, tudo era eu lá, sem poder ir ao banheiro, sem poder fazer qualquer outra coisa. Era só eu, ele e o peito.*

Entre a fantasia do objeto que tudo preenche, tudo repara ou, nas palavras de Joana, que poderia salvá-la, o bebê se impõe como realidade. Realidade que limita a mobilidade, a independência e a liberdade. Nesse processo, o que observamos é que há um trabalho psíquico complexo e doloroso experienciado pela mãe. Associados a isso, há a culpa, a dúvida, o não saber sobre um percurso imprevisível e sempre muito particular e individual.

> *E aí, eu nas redes sociais, naquele processo solitário, amamentando de madrugada, vendo todo mundo se divertir... Isso marcou muito pra mim. Eu vi essa mulher que não tinha um mês que tinha parido. Parido não, feito uma cesárea. E aí ela já tava na balada, bebendo e eu me perguntando: "era pra eu estar assim já?" Ou ela tá se adiantando? Parece que é normal isso, mas eu não tô achando. Mas eu também queria, enfim, foi uma confusão. Ela já tava postando, "ah, projeto corpo de volta"... E eu assim, ao mesmo tempo ficava com pena dela, mas também ficava me cobrando, que eu devia estar em forma, que eu devia estar saindo, que eu devia estar trabalhando, mas eu não tava conseguindo! Nem que eu quisesse eu ia conseguir. Porque já tava sofrível dar conta de, sei lá, de tomar banho. Imagina de me arrumar pra sair. Eu me vi abrindo mão de tudo, mas via outras mães vivendo, aí eu ficava gente, eu tô errada, essas minhas decisões foram corretas, ou eu tô sendo radical demais? Eu não sinto assim. Eu acho que eu me respeitei, que eu respeitei o Lucas, é... deixei fluir, que eu acho que era o ideal, né? Só que eu acho que as pessoas têm muita pressa...*

Joana intui que não é possível se atropelar, atropelar o tempo de constituição do vínculo e da acomodação da nova situação. Mas, ao mesmo tempo, isso não a impede de se questionar e questionar o estado em que se encontra: com um corpo que não reconhece como seu, ainda em transformação, com um bebê atado a ela, já que a alimentação do filho depende de sua presença, sente-se confusa, não só quanto a seu novo lugar, mas também pelas informações que recebe do mundo exterior – novidade da geração da qual faz parte, é preciso lembrar – em relação à vida em geral e também à maternidade, uma vez que as fantasias sobre a felicidade e plenitude alheias são alimentadas pelas redes sociais.

A fala de Joana sobre o processo de acomodação que enfrenta me remete ao tempo da constituição psíquica, mas também ao tempo materno. Esses processos devem ser articulados, de forma que, ao retomarmos as angústias arcaicas do bebê sobre as quais Melanie Klein teorizou, possamos acrescentar a elas os movimentos internos vividos pela mãe.

Segundo Cintra e Figueiredo (2004/2010),

> *Melanie Klein sempre partia da hipótese de que o início da vida era marcado pela presença de angústias arcaicas, de natureza psicótica. Elaborar angústias psicóticas é o núcleo da posição depressiva: leva a infância inteira, e deixa sempre uma parte da tarefa a ser terminada, para o resto da vida. De qualquer forma, elaborar angústias psicóticas é o que ela veio a chamar de "neurose infantil", sugerindo uma visão da infância como um período de árduo trabalho psíquico, destinado a salvar a criança da psicose para a qual suas tendências naturais e suas experiências precoces poderiam levá-la. (p. 91)*

O modelo kleiniano desconstrói a ideia romântica de infância, descrevendo os movimentos internos do bebê, ou melhor, do trabalho psíquico que ele precisa fazer, ao mesmo tempo que se desenvolve biologicamente. Tal trabalho está profundamente atrelado àquele que deverá ser feito pela mãe – sem saber, ela é responsável, para além da nutrição e dos cuidados básicos, por "salvar a criança da psicose". Ou seja, as "tendências naturais", que envolvem vulnerabilidade e desorganização, são profundamente sentidas pela mãe, em uma convocação psíquica que parece se assemelhar à vivida pelo próprio bebê.

O bebê

Amrhein (2012), ao falar sobre a separação do nascimento, descreve a angústia dessa experiência relacionando-a à perda irremediável do mundo intrauterino. Tal perda implica um perigo real, ligado à angústia biológica e material e a um perigo instintivo e desconhecido, ligado ao aumento excessivo das tensões internas. Este "nó" entre perigo real e pulsão é, segundo o autor, o que Freud (1926/2014c) definirá como traumático.

É a angústia diante da separação e do desamparo que produz, do ponto de vista do bebê, o sentido da urgência. Compreende-se, dessa forma, que a espera não é algo possível ou pensável. Em relação ao tempo, Winnicott (1988/1990c) diz que não há como fazer com que o bebê compreenda, no caso de um parto demorado, "que meia hora ou algo equivalente será suficiente para resolver o problema, e por esta razão, o bebê é apanhado por uma espera indefinida ou infinita" (p. 167). E acrescenta ainda que "para as crianças e muito mais para os bebês, a vida é apenas uma série de experiências terrivelmente intensas" (Winnicott, 1965/1982, p. 77).

O autor usa o termo aniquilamento para descrever as ameaças oriundas das ansiedades vividas pelo bebê antes que seu psiquismo esteja preparado para suportá-las.

> *Neste lugar que é caracterizado pela existência essencial de um ambiente sustentador, o "potencial herdado" está se tornando uma "continuidade do ser". A alternativa a ser é reagir, e reagir interrompe o ser e o aniquila. Ser e aniquilamento são duas alternativas. (Winnicott, 1990a, p. 47)*

Vemos, dessa forma, a importância do acolhimento e do cuidado, uma vez que serão esses os responsáveis pelo oferecimento da experiência de continuidade de ser, bem como da integração do bebê. Mas, para além dos cuidados, há também a importância e a sutileza na forma como isso acontece. Ainda segundo Winnicott (1960/1990a), observados de fora, tais processos podem aparentar ser puramente fisiológicos, mas, na realidade, fazem parte da psicologia da criança "e ocorrem em um campo psicológico complexo, determinado pela percepção e empatia da mãe" (p. 44). Reside aqui a importância da afinação, ou seja, o modo como a mãe se ajusta às demandas urgentes do bebê, adequando seus movimentos e suas intervenções, garantindo o que o autor denomina ilusão de onipotência.

Ou seja, de forma sensível e devotada, a mãe permite que a criança viva a experiência de criar o objeto de sua necessidade, ainda que nem mesmo o bebê saiba de que objeto se trata. E, assim, observamos, nestas primeiras experiências, a formação das bases para o que, mais tarde, conheceremos como criatividade. Vemos, de um ponto de vista winnicottiano, a complexidade e a importância das primeiras interações e sua influência em todo o processo de formação do aparelho de pensar do bebê.

Tais situações, vividas pelo bebê nas interações com a mãe, têm como base a questão da estabilização ou da estabilidade:

> *o bebê, precipitado no espaço, é ameaçado de perder a confortável estabilidade que conheceu durante a vida in-*

trauterina e deverá, a partir de agora, não somente encontrar, no mundo exterior, o objeto de sua satisfação, mas também reencontrar as bases da estabilidade perdida, sob pena de viver angústias de queda mortal, de liquefação, de explosão (Houzel, 2006, p. 10, tradução nossa).

O autor ressalta ainda que o desenvolvimento psíquico parece (à luz das descobertas feitas graças à observação dos bebês) ligado à necessidade de se tecer a melhor "combinação" possível para que eles sobrevivam ao espaço. Afirma também ser fundamental atentarmos para o fato de que tal "combinação" refere-se ao postulado freudiano sobre a satisfação pulsional, oferecida pelo objeto de satisfação, sem reservas nem atrasos. Ou seja, trata-se da tecelagem de uma malha de cuidados responsável pela adaptação do bebê ao mundo aéreo.

O que observamos é que há um tempo de simbolização que ocorre no presente e que, como afirma Mellier (2005), permite a construção dos primeiros envelopes ou a "tecelagem de sua primeira 'manta' psíquica ligada à sensorialidade, o que forma a trama de sua continuidade de ser" (p. 40, tradução nossa).

A condição de desamparo psíquico e a falta de unidade corporal – características do recém-nascido – aparece, entre outros aspectos, pela capacidade visual limitada, pela caixa craniana aberta, pela impossibilidade de mobilidade e articulação motora. Ao nascer, precisamos de tempo para ajustar o sentido da visão, pois não enxergamos a mais de 20 centímetros de distância: o suficiente para reconhecermos o rosto da mãe, quando posicionados em seus braços para sermos amamentados.

Nesse sentido, podemos supor que o elemento de tridimensionalidade não atua na organização psicossomática do bebê, que ainda não possui aparato físico ou psíquico para enxergar o que está atrás ou, ainda, para além da mãe. A esse respeito, Stern (1995/1997) destaca o seguinte: "poderíamos argumentar que desenvolvitalmente a díade é a unidade mais inicial e mais básica. O apego é diádico, e não triádico; duas pessoas, mas não três, podem olhar nos olhos uma da outra" (p. 31).

A afirmação de Stern aproxima-nos da ideia de que, neste primeiro tempo da vida, a relação primordial com a figura materna absorve toda e qualquer possibilidade de contato. A mãe, quando disponível e atenta às necessidades de seu bebê, representa, para ele, fonte de alimentação, cuidado e investimento, funcionando como base para sua organização psíquica. Nas palavras de Freud (1940/2014e),

> *O primeiro objeto erótico da criança é o seio que a alimenta; o amor surge apoiado no apaziguamento da necessidade de nutrição. Por certo, o seio não é distinguido inicialmente do próprio corpo e deslocado para "fora", porque a criança com tanta frequência sente sua falta, ele carrega consigo, na qualidade de "objeto", uma parte das cargas libidinais originariamente narcísicas. Posteriormente, esse objeto completa-se até formar a pessoa total da mãe, que não apenas alimenta, mas também dela cuida e, assim, desperta na criança tantas outras sensações corporais, prazerosas e desprazerosas. Através dos cuidados com o corpo, ela se torna a primeira sedutora da criança. Nessas duas relações enraíza-se o singular e incomparável significado da mãe, fixado de modo inalterável para toda a vida, como o primeiro e mais forte objeto amoroso e como protótipo de todos os relacionamentos amorosos posteriores – para ambos os sexos. (p. 128)*

A reflexão freudiana sobre a significação da mãe como objeto e protótipo de todas as relações posteriores do humano, associada à fragilidade do bebê, suscita inúmeras questões, contribuindo para aumentar o enigma presente na chegada do bebê ao mundo, assim como um desejo (tanto por parte da mãe quanto dos profissionais interessados na primeira infância) de desvendá-lo, na tentativa de compreender os aspectos da maternidade que estão em jogo nesse encontro: fantasias, projeções, desejo. Assim, vemos que a catástrofe, marcada pela passagem, pela mudança radical de condição, mas também pela prematuridade constitutiva do bebê humano, assim como pela dependência absoluta, terá como elo de ligação e sustentação a presença materna, que, por meio da linguagem, traduz, enuncia e apresenta. Nesse sentido, podemos dizer que os cuidados da mãe vão, aos poucos, revelando os mistérios da criança e instalando seu sistema pulsional.

Freud, ainda em 1895, chama atenção para a prematuridade do bebê humano, inaugurando a utilização, em sua obra, de dois termos que se tornarão emblemáticos para pensarmos a constituição psíquica do sujeito: *Hiflosigkeit* e *Nebensmench*, sendo, devo acrescentar, um complementar ao outro. Palavra comum da língua alemã, *Hiflosigkeit* é transformada por Freud, que lhe dá um sentido de *fundação da ligação com o outro*. Amrhein (2012) lembra que o termo é frequentemente traduzido por desamparo, mas, literalmente, quer dizer passagem estreita, ou sentimento de abandono, de impotência, de solidão, de desordem, privação dramática de meios materiais, indigência, falta de recursos.

No *Projeto para uma psicologia científica* (1895), vemos o homem neurologista ainda muito presente e, por isso, a leitura desse texto me parece uma aventura para o leitor, que deve interpretar metáforas de células neuronais. Ali, porém, já vemos inscritos os alicerces do pensamento psicanalítico e a intuição genial de Freud. A experiência de satisfação e a necessidade de descarga do organismo nos ajuda a compreender o termo *Hiflosigkeit*, que passa, a partir de então, a ser uma apropriação da psicanálise:

> *O organismo humano é, a princípio, incapaz de levar a cabo essa ação específica. Ela se efetua por meio de assistência alheia, quando a atenção de uma pessoa experiente é atraída para o estado em que se encontra a criança, mediante a condução de descarga pela via de alteração interna (por exemplo o grito da criança). Essa via de descarga adquire, assim, a importantíssima função secundária da comunicação, e o desamparo inicial dos seres humanos é fonte primordial de todos os motivos morais. (Freud, 1895/1975, p. 52)*

A essa ideia ainda embrionária, Crespin (2004) acrescenta um aspecto da evolução humana, lembrando que nossa caixa craniana segue seu desenvolvimento depois do nascimento, ou seja, já fora do útero materno. Essa condição seria responsável pelo desenvolvimento do neocórtex, área que comanda as funções ditas superiores, mais especificamente a linguagem. "A linguagem concebida como um sistema significante que codifica o real do qual as diferentes línguas faladas seriam a expressão" (p. 21). Para a autora, ainda que tal hipótese seja inverificável, segue sendo sedutora, já que permite concebermos a linguagem como ferramenta específica, substituta das programações instituais perdidas de nossos ancestrais primatas.

E em resposta à condição de desamparo, desse estado em que o lactente depende inteiramente de outrem para a satisfação de suas necessidades (sede, fome), temos o *Nebensmench*. Afinal, tal mudança no curso evolutivo complexifica a condição humana, trazendo para nossas relações com o mundo este "outro inevitável", como propõe Crespin (2004, p. 21), fazendo alusão ao termo em alemão, utilizado por Freud (1895/1975), que pode ser traduzido ainda por "próximo prestativo".

Ainda em relação à prematuridade do bebê humano, André (2010) lembra que toda criança nasce prematuramente, na medida em que vive durante muito tempo a incapacidade de prover para ela mesma aquilo de que necessita. A condição de desamparo do recém-nascido é, pois, objetiva, e o homem, paradoxalmente, não teria se tornado o que é na escala da evolução sem esta primeira fase de fraqueza, na qual depende vital e psiquicamente de seu ambiente humano imediato. "A prematuridade não se contenta de agravar essa neotenia, ela modifica radicalmente seus dados" (André, 2010, p. 15, tradução nossa).

Interessante como a dependência psicossomática extrema, que pode, no limite, levar à morte, é também responsável pelo curso evolutivo que, segundo Crespin (2004), pode ter relação com o surgimento da linguagem. Ou seja, a complexidade presente na condição de dependência é responsável por um outro elemento central e constitutivo da experiência humana: o fato de podermos falar sobre o vivido e, nesse sentido, significar, subjetivamente, a experiência.

Podemos acrescentar a essa ideia um pensamento de Mia Couto, no qual o escritor, mas também biólogo, explora como a voz se tornou corpo na espécie humana:

> *Após o nascimento começa a construção do segundo ventre, a infância. Esse ventre é literalmente construído ... "através das vozes, dessa fala que ainda não está formada por palavras, mas a adivinhação que se faz do rosto que chega, porque vemos desfocado, esse tempo que passa entre o chorar e a presença desfocada de alguém, essa aprendizagem que temos do próprio tempo, é feita nesse momento. E, curiosamente, essa primeira linguagem que nós temos é feita por vogais. Eu gostaria de ver aqui não só uma incapacidade, mas as vogais são aquelas que melhor*

> *transmitem isso que é o espanto, que depois nos persegue toda a vida. Há ali uma fabricação, entre lágrimas e esperas, uma fabricação do tempo, e é aqui que nasce a oralidade". (Mia Couto, citado por Xavier, 2014, p. 4)*

Ou ainda, para seguir o caminho da literatura e da arte, podemos lembrar de Machado de Assis (1904/1992), em *Esaú e Jacó*: "o homem é um alfabeto de sensações" (p. 1051). E à emissão de sons, mais precisamente do choro como forma de descarga, espera-se uma resposta do ambiente. Uma resposta que seja, assim desejamos, continente.

Pelo termo continente, refiro-me ao modelo *continente-conteúdo* desenvolvido por Bion (1962/1971). Para o autor, o conteúdo projetado é anexado ao continente, mas, para tanto, é necessário que conteúdo e continente tenham uma relação "comensal", no sentido de que cada um tire proveito do outro para seu próprio crescimento. Bion (1962/1971) explica o conceito de função continente da mãe a partir do que denomina *capacidade de rêverie materna*. Ou seja, é a partir de tal recurso que a mãe transforma as produções psíquicas iniciais do bebê para que, então, possam ser convertidas em conteúdos pensáveis e assimiláveis pela psique da criança.

Ciccone (2001) acrescenta que a experiência caótica e confusa do bebê demanda a presença de um continente que possa acolher e transformar tal experiência ou, ainda, desintoxicá-la. Porém, como nos lembra Marin (2001), "a mãe, ao interpretar seu bebê, ao mesmo tempo em que atende, frustra-o, pois lembra a esse bebê a sua fragilidade, a sua catástrofe" (p. 106).

Considerando que, de um ponto de vista kleiniano, o bebê da fase esquizoparanoide tem desejos vorazes diante de seu objeto, podemos então ilustrar essa relação "comensal" por um movimento antropofágico, no qual conteúdo e continente fazem uso dos elementos da troca emocional mútua, transformando-se, ao se alimentarem um do outro. Do ponto de vista do bebê, o continente-conteúdo que se forma é reintrojetado, desenvolvendo-se até se constituir no aparelho psíquico do próprio bebê.

O pensamento bioniano sobre a relação continente-conteúdo nos faz refletir sobre o custo emocional vivido pela mãe ao emprestar seu aparelho psíquico ao bebê, fazendo-se disponível para que essa antropofagia aconteça. Em que medida as reações maternas adversas e, por vezes extremas, não seriam fruto de toda a intensidade das demandas às quais a mãe deve fazer face – diante das dificuldades para se fazer disponível, para se deixar ser "engolida" pela voracidade presente na relação de dependência, a resposta defensiva pode ser violentar ou, no limite, abandonar. Claro que me refiro a casos extremos, de abandono e violência, mas que, por existirem, não podem ser ignorados. Ao mesmo tempo, nos casos em que a mãe se dispõe a acolher e cuidar, é preciso levar em consideração o esforço psíquico necessário para que a relação possa de fato se estabelecer.

A mãe

Sylvain Missonier (2018) propõe a seguinte imagem: ao nascer, vemos, no bebê, uma "hemorragia do eu" que está em vias de se organizar. E, arrisco perguntar, em que medida a mãe também não está ela própria vivendo uma hemorragia psíquica, buscando, na medida do possível, dar conta de si para dar conta do outro?

É preciso lembrar que estamos habituados a conviver com a ideia de uma criança sem pai, mas parece impossível aceitarmos a ideia de uma criança sem mãe. Tal pensamento parece relevante, pois nos coloca em contato com a radicalidade experienciada pela mulher, ao ser convocada para se ocupar da vida que gestou, não importando sua condição mental. Se partirmos do princípio de que a gestação humana não é simplesmente a gestação de um mamífero, o nascimento já é um encontro subjetivo. E se essa premissa é verdadeira, como é possível aceitar a loucura da indiferença, do abandono, do infanticídio? Nesse sentido, a mãe precisa ser vista e ouvida como excessivamente humana, senão louca, como propõe André (2018).

Freud (1940/2014) chama atenção para a força e significação do amor materno como protótipo de todas as outras formas de amor vividas pelo sujeito. É ela a responsável por carregar homens e mulheres no colo. Melanie Klein (1957/2006) teoriza sobre o objeto detentor de todas as formas de prazer, amado, mas também invejado, alvo de impulsos destrutivos e violentos por parte do bebê, quando não atendido prontamente no apaziguamento de suas necessidades. Winnicott (1956/2000) formula o conceito de preocupação materna primária e fala sobre a mãe suficientemente boa, aquela capaz de saber aquilo que o bebê precisa, ainda que ele mesmo não seja capaz de formular suas demandas. Mas, para além do cuidado, da disponibilidade, da afinação deste objeto capaz de tudo saber, tudo decifrar, onde está a mulher por trás da mãe?

Nesta matemática interacional de necessidades e urgências, horas adequadas de sono, choro excessivo, corpo disforme, hormônios, movimentos inconscientes, quem é e onde está a mulher? Objeto de investimentos múltiplos, complexos e paradoxais por parte do bebê, o que se sabe sobre suas dores, sua indisponibilidade e tudo o mais que não pode ser nomeado? Retomo aqui a imagem do samba no morro, já descrita na introdução deste livro. Em meio às alegrias do nascimento do bebê, à comemoração com samba e feijoada organizada pela avó, encantada com a chegada do neto, quem olhava para a jovem mulher que se desorganizava e não conseguia formular um pedido de ajuda?

Nesse sentido, parece-me fundamental revisitarmos alguns conceitos e, mais do que isso, localizarmos temporalmente a maternidade.

Não pretendo, obviamente, pela magnitude do que representam para o pensamento psicanalítico, desconsiderá-los, e sim buscar refletir sobre como se atualizam, bem como o impacto do que representam para as próprias mulheres.

Retomo aqui um pequeno comentário de uma paciente em busca, muito ativamente, de manter sua vida profissional, apesar das frequentes mudanças de país em função da carreira internacional do marido.

> *Manter uma carreira profissional com três filhos, sendo a principal responsável pelas crianças, não é fácil. Quando você acrescenta a isso uma vida de mudanças, é quase impossível. Sem contar a angústia que vivo quando lembro que fui treinada para ser uma profissional, não para ser uma mãe. Além disso, ser mãe no passado era algo valorizado. Hoje, quando vou às recepções com meu marido, ou as pessoas me olham com pena, ou olham através de mim. Sem uma profissão clara, definida, você se torna transparente! Além disso, com filhos, é muito difícil progredir profissionalmente. Sua energia está sempre dissipada, e é por isso que há uma diferença clara no mundo do trabalho, de quando você é mulher pra quando você é homem.*

Tal sorte de associações teve um impacto sobre mim. Não só como analista, mas também como mulher. Fiquei me perguntando como a maternidade é vista hoje. Fiquei me perguntando como a maternidade era vista na década de 1940. Uma mulher se sentiria transparente por ser mãe? Por não ter como referência central de sua existência o nome de sua profissão, ou o cargo que ocupa? E então volto a Joana, ao me dizer que depois do remédio, depois de voltar ao trabalho, daí, sim, pôde ter prazer com seu bebê. Como foi que esses dois fizeram a travessia, antes que o encontro pudesse acontecer? Se a mãe é tradutora do enigma do filho, como ela lida com seus próprios enigmas e com o desespero de ver as amigas "plenas com seus bebês, ao menos nas redes sociais"?

Para Couchard (2003), estamos prontos a admitir, de um ponto de vista teórico, que amor e ódio se escondem, por vezes, sob uma mesma máscara. Mas os excessos do domínio do ódio, no que se refere à relação da mãe com a criança, resistem fortemente à reflexão teórica e, mais ainda, à análise clínica.

Ou ainda, como afirma Crespin (2004), não basta que a mãe seja um semelhante, também é preciso ser prestativo, isto é, "portador de desejo de sobrevivência pelo recém-nascido" (p. 22). Para a autora, as formas mais graves de diparentalidade nos confrontam com o fato de que o desejo de sobrevivência não é garantido pela gestação biológica.

> *E aí eu fui em busca de várias ajudas. Procurei tudo, assim, porque eu tava com um peso muito grande, tanto de achar que minha vida ia se perder porque eu ia ter um filho e nunca mais ia ser a mesma coisa, quanto ainda pelas mágoas que ainda tavam rolando dos processos que tinham acontecido [ela se refere ao relacionamento anterior e ao aborto pelo qual passou]. E aí foi uma gravidez bem difícil. Assim, perfeita, fisicamente, desenvolvimento maravilhoso, agora, emocionalmente, eu acho que eu só aceitei que eu tava grávida quando eu pari. Foram nove meses bem difíceis, bem difíceis.*

O reconhecimento de Joana de que a gestação foi difícil e, mais do que isso, de que a aceitação ou, talvez, a realização de sua condição tenha se dado somente com a saída do bebê de sua barriga para, em seguida, entrar na sua vida, ou em sua órbita, nos coloca em contato, justamente, com a ambivalência que pode se manifestar na construção da nova condição. Chama atenção o fato de que, racionalmente, ela sabia o que queria e o que considerava melhor pra ela, dado seu histórico e as dificuldades pelas quais havia passado anteriormente. Tal decisão não garantiu, no entanto, que a gestação tivesse se constituído como um evento natural; ou seja, com um bebê que simplesmente crescia dentro de si. E apesar de, do ponto de vista biológico, tudo caminhar bem, assim como de sua decisão categórica de ter o bebê, o incômodo e as dúvidas permaneceram, tanto durante a gravidez como no pós-parto.

> *Eu tava meio leoa, assim, meio super protetora, mas ao mesmo tempo não queria. Era um misto de emoções. E... só quando passaram três dias de amamentação sofrível eu falei não, eu preciso de ajuda, aí eu pedi ajuda pra uma consultora. Ela foi maravilhosa, ainda demorou umas duas semanas pra eu realmente gostar de amamentar, mas depois foi maravilhoso, pois uma coisa que eu sabia é que eu queria amamentar e respeitar a livre demanda. Sabia que não ia ser fácil, que eu ia ter que abrir mão de muita coisa, mas focando nos benefícios. Tanto da saúde do bebê quanto da nossa conexão. É... só que minha sogra é muito ansiosa e ela é médica e ela sai atropelando e aí... o primeiro choro que ele deu ela falou: "tá com fome, o leite tá fraco, vamos chamar o pediatra, ele precisa de suplemento". E aí eu falei, não, eu não quero. E aí foi uma confusão.*

Joana acrescenta um outro elemento comumente presente nos momentos iniciais, que pode trazer ainda mais complexidade para uma fase que já é, em si, conturbada: o entorno próximo (neste caso representado pela sogra) manifesta, por vezes sob a forma de preocupação, outras sob a forma do cuidado, suas angústias e dificuldades primitivas que também podem vir à tona com a chegada do bebê. Apesar de suas dificuldades de aceitação da gestação e dos problemas característicos dessa fase inicial, Joana estava decidida a amamentar exclusivamente o filho. Mas, como ela bem descreve, tal tarefa pode ser extremamente difícil, dolorosa, ambivalente. Nessa cena, vemos o bebê que acorda e necessita ser alimentado, uma mãe cheia de dor, tentando, na medida do possível, se ajustar e acomodar as necessidades (dela e de seu bebê), mas também uma avó que se angustia e, em sua angústia, tenta trazer um complemento ao "leite fraco" da mãe. Vemos ainda a chegada de um terceiro, a consultora de amamentação "maravilhosa", pois, ao encontrar-se fora da rede inconsciente de histórias que se aglutinam, pode ajudar, de maneira a facilitar o encontro.

Referindo-se aos cuidados dessa fase inicial, Figueiredo (2012) lembra que, para exercê-los, é preciso, em princípio, legitimar a singularidade do objeto, reconhecendo-o no que ele tem de próprio, dando conta de suas particularidades, e, consequentemente, ser capaz de testemunhar o que vê, devolvendo a ele sua própria imagem. Em outras palavras, o objeto decepcionante é o objeto que não pode refletir. Para o autor, o bebê entra em pane quando a mãe não tem recursos para refletir sua imagem e condição. Nesse sentido, é fundamental que o objeto seja suficientemente reflexivo para que o bebê possa se constituir. Tal tarefa parece, em princípio, simples, mas exige da mãe uma disponibilidade muito particular. E aqui cabe questionar em que medida esse exercício tem a ver com cada bebê e o que cada um deles suscita na mãe. Em outras palavras, não me parece possível generalizarmos tal capacidade materna sem considerar como o bebê formula as demandas e suporta as falhas.

Além disso, devemos ter em mente o elemento da contemporaneidade. O que quero dizer é que, apesar de Freud, desde o início de sua obra e em momentos precisos de seu trabalho, ter feito anúncios significativos sobre a importância da figura materna, é somente a partir da década de 1940 que a psicanálise realmente se dedica a observar de perto o bebê e também a mãe.

Ou seja, além de explorar as competências extraordinárias no neonato, a relação da díade também passa a receber cuidado e atenção. Ao mesmo tempo, é fundamental levar em conta que há uma mudança significativa no lugar da mulher ao longo das últimas décadas, fato que se associa também a uma mudança de ritmo e estilo de vida. A velocidade com que as coisas acontecem, a entrada radical da tecnologia e, portanto, do acesso à informação, vêm transformando radicalmente as pessoas e as relações. Atualmente, é preciso lembrar, as mulheres estudam sobre a maternidade, estudam sobre o parto, pesquisam, questionam, se informam e levam em consideração todas as informações sobre amamentação, parto, introdução alimentar, entre outros inúmeros aspectos do desenvolvimento infantil, e o fazem antes, durante e depois do parto.

Observamos um exercício ativo de compreensão e estudo das necessidades específicas do recém-nascido, dos benefícios de um tipo específico de parto, da amamentação em livre demanda, das vantagens do *sling* (tipo de canguru de pano que mantém o bebê colado ao corpo da mãe), ao invés de, necessariamente, um estado de "retraimento ou de dissociação, ou a uma fuga, ou ainda a um distúrbio em nível mais profundo, como por exemplo um episódio esquizoide, onde um determinado aspecto da personalidade toma o poder temporariamente", como propõe Winnicott (1956/2000h, p. 401).

O que quero dizer é que as mulheres mudaram e, nesse sentido, a maternidade também se transformou. Não podemos ignorar que, diferentemente de grande parte das mulheres das décadas de 1940 e

1950, trabalhamos e nos identificamos com o trabalho. Cada vez mais, as exigências profissionais, as carreiras bem-sucedidas demandam tempo, dedicação, rapidez nas ações e eficiência. Mas continuamos desejando ser mães. Trata-se, portanto, de reconhecer tais mudanças e fazê-las caber na atualidade.

Ainda segundo Winnicott (1956/2000h),

> *muitas mulheres são com certeza boas mães em todos os aspectos, e levam uma vida rica e produtiva, mas não têm capacidade de contrair essa 'doença normal' que lhes possibilitaria a adaptação sensível e delicada às necessidades do bebê já nos primeiros momentos. (p. 401)*

O autor propõe também que algumas mães conseguem desenvolver tal estado com um filho, mas não com outro, afirmando ainda que, em certos casos, a dificuldade ocorreria em função da forte identificação masculina, fato que a influenciaria na realização das funções maternas de forma plena. E vai além, ao afirmar que "uma inveja do pênis reprimida deixa muito pouco espaço para a preocupação materna primária" (p. 402).

Tal proposição é significativa, pois apresenta um elemento temporal importante, que deve ser analisado considerando as questões culturais da época. A relação das mulheres com o trabalho e seu lugar social se transformou ao longo dos últimos sessenta, setenta anos. Cabe questionar se se trataria de inveja do pênis ou simplesmente uma mudança sociocultural significativa, na qual o lugar da mulher foi se transformando e, consequentemente, a maternidade também.

A fala de Marina parece corroborar essa ideia, ou seja, este "freio" do movimento natural da vida (provocado pelo nascimento de um bebê) pode ser difícil de ser internalizado, deixando a mulher com um sentimento de solidão:

> *Mas eu me sentia muito sozinha, muito sozinha. Eu lembro muito dessa sensação nos primeiros meses. A licença-maternidade toda, na verdade. Tinha uma grande amiga minha que era madrinha da Carla [sua bebê], que morava perto de mim e que não era mãe... Eu queria que ela fosse lá, ficasse comigo, batesse papo, ficasse um tempo... e ela não ia. Ia de vez em quando e ficava uns minutinhos. Daí depois que eu comecei a sair com o sling, eu falava pôxa, me chama pra fazer qualquer coisa... Você vai tomar um café, você vai no correio, você vai no banco, me chama! Eu queria sair de casa, fazer alguma coisa que me fizesse bem, trocar uma ideia, bater um papo e tal. E aí eu lembro da gente sair uma vez, duas... Mas ela não entendia e eu não conseguia me comunicar muito bem em relação a isso. E aí essa sensação de estar sozinha perdurou bastante. Durou eu acho que até... até eu voltar de licença. Não, um pouco antes. Acho que quando eu comecei a ficar mais à vontade.*
>
> *... Eu tinha a sensação de que eu tava perdendo alguma coisa não estando lá, sabe? No iniciozinho eu era muito voltada pra Carla, mas depois eu queria me resgatar, eu tava precisando disso, então eu achava que voltar a trabalhar era importante.*

Em seu discurso, Marina aborda esse elemento da contemporaneidade importante de ser explorado: a mudança radical pela qual a mulher vem passando nas últimas décadas. O que quero dizer é que a forma como a psicanálise concebeu a maternidade e seus ritmos, partindo do princípio de que a mulher entra, naturalmente, em um estado de conexão com o bebê, ainda que temporariamente, carece de atualização. Ficar totalmente disponível para o bebê parece trazer uma sensação de solidão e, por vezes, de um não reconhecimento de si. O estado de conexão constante com o mundo externo, via redes sociais, não permite um desligamento. E, ao testemunhar o mundo acontecendo, a mulher sente-se sem lugar, confusa, por vezes claustrofóbica, como se estivesse "perdendo alguma coisa" e, como corolário, vemos surgir a culpa e a fantasia de que ela se encontra sozinha nesse lugar.

A impossibilidade de prever como o reencontro com o mundo irá ocorrer, tendo agora alguém que dela depende, tendo ela também passado por transformações, deixa em aberto o futuro e sua nova forma de viver a nova condição, fato que produz, inevitavelmente, angústias. E é somente no dia a dia da construção relacional que o vínculo vai se estabelecendo e o bebê vai, aos poucos, cabendo, ocupando o lugar que de fato lhe pertence.

Klein (1963/2006c) nos permite fazer uma aproximação entre a constituição psíquica do bebê e os movimentos psíquicos da própria mãe. Apesar de afirmar que o ego existe e funciona desde o nascimento, a autora atenta para o fato de que ainda lhe falta coesão e que ele é dominado por mecanismos de cisão.

> *O perigo de ser destruído pela pulsão de morte dirigida contra o self contribui para a cisão dos impulsos em bons e maus; devido a esses impulsos sobre o objeto originário, este também é cindido em bom e mau. (p. 341)*

Ora, ao nos voltarmos para o psiquismo materno, cabe questionar como deve ser, para a mãe, suportar a condição de receptáculo de todas as projeções, buscando manter, na medida do possível, sua unidade diante da cisão experienciada pelo bebê. Aqui parece residir a ambivalência tão frequentemente referida, ao tratarmos da disponibilidade ou indisponibilidade materna. Indo mais além, Klein (1963/2006c) afirma haver uma conexão entre solidão e o problema da integração. A autora parte do princípio de que a solidão deriva da "convicção de que não há pessoa ou grupo a que o indivíduo pertença" (p. 343). Este parece ser o sentimento da mãe, ao fantasiar sobre o mundo externo à bolha na qual se encontra com seu bebê.

> *Algumas dessas partes excindidas são projetadas para dentro de outras pessoas, contribuindo para o sentimento de que a pessoa não está em plena posse de seu self, que ela não pertence completamente a si mesma ou, portanto a nenhuma outra pessoa. As partes perdidas são, também, sentidas como sendo solitária. (Klein, 1963/2006c, p. 343)*

Para além da identificação com o bebê, que permite à mãe ser empática e responsiva na medida das necessidades que precisam ser decifradas e atendidas, há, talvez, uma identificação com a cisão constitutiva deste que dela depende. Ou seja, a solidão a que Marina se refere parece ter relação com um estado muito primitivo de sua própria existência que ela tenta, como o bebê, projetar para fora de si, ao sentir que o marido não a compreende, por exemplo.

Bydlowski (2006) ressalta um elemento relacionado à velocidade do tempo em que vivemos e que vai, em certa medida, na contramão daquilo que se produz durante uma gestação. Para a autora, em tempos em que se colocam em funcionamento foguetes intersiderais, além do trabalho com objetos virtuais, o período de gestação talvez possa ser considerado um dos últimos artesanatos capazes de conectar o humano com as formas ancestrais de trabalho:

> *Em ressonância com a natureza, a elaboração fetal se desenvolve silenciosamente nas profundezas. . . . Um estado de relaxamento e tédio se instala progressivamente, e a jovem mulher coexiste dificilmente com o mundo do*

> *trabalho, estrangeiro a seu próprio ritmo. O tempo da embriogênese até a maturidade fetal e o tempo da rêverie, bem como das reminiscências caminham lado a lado. (Bydlowski, 2006, p. 67, tradução nossa)*

Lembro-me de uma paciente, ao acessar e descrever a crise psíquica enfrentada no retorno ao trabalho. Entre o desejo de seguir amamentando seu bebê e a volta para uma rotina característica do mercado financeiro em uma cidade grande, com trânsito e longas distâncias, o primeiro sintoma: logo no primeiro dia, ao descer do táxi às pressas, quebra o tornozelo. Na sequência do trabalho analítico, uma outra memória: a da primeira avaliação de desempenho após o retorno. O chefe, como sempre, inicia pelos pontos positivos. Ela seguia eficiente e competente, mas, apesar das qualidades, "andava faltando sangue nos olhos". Ao que ela pensa consigo mesma: "como posso ter sangue nos olhos, se ainda tenho leite no peito?".

Fazer caber as múltiplas demandas, incluindo nelas o desejo legítimo não somente de ter um bebê, mas também de exercer a maternidade em toda sua complexidade, sem ter de abrir mão de uma carreira sólida, é correr o risco de caminhar pela selva e ser devorada pelo tempo e pela lógica masculinos. A sobrevivência não está garantida.

O aceleramento do ritmo humano tem um impacto direto nessa mudança temporal sentida pela mulher. Podemos inferir, então, que a entrada neste estado de "desligamento", como proposto por Winnicott nos idos dos anos de 1960, já não acontece de forma tão natural. Tendo que diminuir o ritmo e alterar seu modo de vida, a mulher enfrenta uma crise, até que a nova forma de existência se acomode, ou até que ela possa aceitar a chegada do bebê, que leva tempo para encontrar espaço em seu psiquismo.

A mesma paciente resgata ainda outra memória traumática desse período: a regra da creche na qual seu filho era acolhido proibia os pais de entrarem no interior do estabelecimento: o bebê saía do colo da mãe direto para o colo da cuidadora, ainda na porta. Mas ela desejava amamentar o filho em seu horário de almoço. Para isso, costuma levar o filho para casa na hora do almoço, amamentá-lo, para depois levá-lo à creche novamente. Neste dia, no entanto, teria uma reunião e, portanto, não dava tempo de levá-lo até em casa. Com os seios cheios, como era de costume àquela hora do dia, insistiu na entrada da creche para que pudesse amamentar a criança. A resposta foi negativa, apesar da insistência. A solução foi entrar em uma padaria ali ao lado, mas, como era hora do almoço, não havia lugar para sentar. Subiu ao segundo andar e encontrou um banco, ao lado do banheiro, onde se sentou para amamentar o filho, aos prantos. Choro de revolta, de uma sensação profunda de incompreensão e, sobretudo, de solidão, diante de uma realidade complexa, cujas defesas psíquicas do entorno parecem ignorar, transformando-se, facilmente, em violências invisíveis. Lembro-me então de Elena Ferrante, em seu livro *A filha perdida*, ao afirmar que ser mãe é uma responsabilidade esmagadora. São tantas as interpretações para tal afirmação, são tantas as possíveis formas de compreendermos essa mudança de condição. Mas só uma coisa é certa: o caminho nunca é fácil e as dores são, por vezes, inomináveis e infinitas.

Observamos uma tensão de resistência entre a convocação radical da presença materna que pode, por vezes, ser sentida como claustrofóbica e as demandas (internas e externas) de retorno à vida laboral, ao convívio social e o desejo de liberdade. Tais convocações produzem uma confusão que pode ser desorganizadora, trazendo profundo sofrimento psíquico.

Se retomarmos o trecho da entrevista realizada na abertura deste capítulo, podemos questionar: mas e quando a identificação com o trabalho é tão forte que a mulher, ao ver-se privada da atividade conhecida, sente-se usurpada pela nova condição e, no limite, pelo filho? De fato, a mudança da relação com o tempo é elemento central em nosso modo de vida atual. A espera tornou-se insuportável. Mais: capazes de conjugar, aglutinar e coordenar inúmeras atividades simultâneas, como é possível parar?

Bydlowski (2006) lembra ainda que, antes do nascimento e talvez antes mesmo da gestação, o bebê humano já se encontra preso no universo simbólico dos pais, tanto no âmbito da família como para além dele, no contexto da sociedade e da cultura a que pertence. Assim, podemos supor que, durante as trocas e interações que ocorrem ao longo dos cuidados primários, se faz presente o sistema simbólico no qual a mãe está inserida, formando a rede de representações que organizam suas respostas diante do recém-nascido do qual se ocupa.

A complexidade cultural que envolve o ambiente familiar, bem como os elementos particulares de cada história, levando em consideração os aspectos transgeracionais que se presentificam e atualizam com a chegada do bebê, me parecem elementos essenciais na compreensão da construção do ritmo interativo e, portanto, da internalização do tempo, como parte da subjetividade do bebê.

É preciso lembrar que este outro, do qual dependemos tão absolutamente, também guarda em si registros marcantes e significativos de seu trauma inicial, da experiência catastrófica de sua própria experiência de rompimento e ligação: restos de vivências que se atualizam com a chegada de um ser frágil, dependente e complexo. Reside aí, me parece, a significação e a intensidade deste início da vida humana.

A mãe e o bebê: um ritmo que vai se construindo a dois

Em sua condição de prematuridade, é preciso lembrar que o bebê ainda não conhece a experiência da passagem do tempo. Didier-Weill (2015) nos ajuda a compreender tal hipótese, ao afirmar que

> *a música permite que se escute a articulação que há entre significantes puros que são as notas musicais. Essa articulação tem um nome: ritmo. Há imediatamente um enigma. . . . A experiência cotidiana fornece uma intuição do fato de que o tempo está ligado a uma pulsação . . . essa pulsação é que gera o tempo, pois o tempo não existe em si. É extremamente complicado para o espírito compreender que o tempo é uma criação. Talvez a geração do tempo seja o maior presente concedido ao homem. (p. 71)*

A ideia de que o tempo é uma criação nos permite compreender, também, porque, do ponto de vista do bebê, a espera não é algo possível ou pensável. No início, tudo o que é vivido e experimentado é da ordem da urgência. A ausência ou a não resposta do objeto produz angústias impensáveis, como diria Winnicott (1990b). Vemos aí a importância da afinação, do ajuste da mãe às demandas urgentes do bebê. Afinação no sentido musical do termo, se considerarmos o sentido do tempo na música.

Refiro-me aqui aos intervalos e ao ritmo, marcados pelo som e por sua ausência, da mesma forma que a mãe alterna presença e ausência na relação e nos cuidados com o bebê. E tal alternância tem a ver com as "demandas", por parte do bebê, e à capacidade da mãe de responder de maneira precisa ou suficientemente adequada. E, nessa interação, há um ritmo que se estabelece, criando-se, assim, uma afinação relacional.

Além da afinação, observamos o ritmo como outro elemento fundamental, observado no trabalho psíquico da criança. Ciccone (2007) afirma que "a ritmicidade organiza a separação e a fratura que esta produz, assim como o caos no qual ela mergulha" (p. 21, tradução nossa). O autor lembra que o caos a que se refere provém tanto da separação do bebê do objeto primário, como de seu encontro com o mundo, com a alteridade; é, pois, por meio do ritmo que se opera a passagem do caos à ordem.

Tal pensamento parece dialogar intimamente com a proposta winnicottiana de que o bebê deve estar protegido das intrusões ambientais. Ou seja, a fratura produzida pelo nascimento só poderá ser reparada caso o ambiente permita que o bebê viva suas primeiras experiências sem perceber que existe algo fora dele. Ao se dar conta, precocemente, de que as coisas de que necessita para sobreviver vêm de fora, a criança é invadida pelo mundo, sem ter ainda arcabouço físico e psíquico para lidar e suportar as intensidades externas a ele.

> *Para a criança com sorte, o mundo começa a conduzir--se de maneira tal que se conjuga com sua imaginação e, assim, o mundo é entretecido na própria contextura da imaginação, enriquecendo-se a vida íntima do bebê com o que é percebido no mundo externo (Winnicott, 1965/1982, p. 81).*

Ora, se já não podemos mais contar com nossas programações instintuais, consequência de nosso complexo modelo evolutivo, ao mesmo tempo que não temos ainda a linguagem instalada, é somente pela relação com este *nebensmench*, este *outro prestativo*, que reside nossa chance de sobrevivência e adaptação.

Para Ciccone (2007), a construção da ritmicidade concerne a três tipos de experiência: ensaios de presença e ausência do objeto; trocas interativas e intersubjetivas; e alternância de posições de abertura objetal e recuo narcísico. O ritmo produzido pela alternância entre presença e ausência pode ser compreendido como o sustentáculo do crescimento mental, bem como do desenvolvimento do pensamento, a partir da falta.

Em um texto seu de título muito significativo, *O mundo em pequenas doses*, Winnicott (1965/1982) discute como a realidade se forma do ponto de vista do bebê. Para o autor, a criança recém-nascida inicia sua vida nada sabendo sobre o mundo e, juntamente com a mãe, enfrenta uma situação evolutiva e em constante mutação. De início, "os pés de uma criança não precisam estar firmemente plantados na terra" (p. 78).

Ou seja, é a partir da apresentação do mundo em doses suportáveis, adequadas à capacidade de recepção de cada criança, para quem a mãe se disponibiliza de forma sensível e adaptada, que a realidade vai, aos poucos, se fazendo possível e os pés da criança vão podendo, finalmente, alcançar o chão. As urgências diminuem, o choro corporal, no qual tudo se move (uma vez que ainda não há unidade somática), dá lugar ao choro emocional e observamos como, aos poucos, as expressões faciais começam a aparecer e as comunicações se tornam mais claras. É a partir dessa dança interativa na qual a mãe, de forma sutil e adaptada, introduz os elementos do mundo que a criança adquire os recursos que lhe permitem se diferenciar, conhecendo, explorando e, no limite, aprendendo a esperar.

Winnicott (1949/2000c) comenta sua dívida com uma paciente que colocou em palavras uma percepção importante que ele havia tido do bebê em seus estágios iniciais de vida. Segundo o autor, estas foram as palavras da paciente:

> *No início, o indivíduo é como uma bolha. Se a pressão externa adapta-se ativamente à pressão interna, o elemento central da situação será a bolha, ou seja, o eu do bebê. Mas se a pressão do ambiente for maior ou menor que a do interior da bolha, então a bolha não será o elemento principal, e sim o ambiente. A bolha adapta-se à pressão externa. (p. 264)*

A riqueza da formulação feita pela paciente nos ajuda a refletir sobre o que denomino dança interativa, imagem cujo intuito é ajudar a pensar os movimentos sincrônicos de uma dupla que, apesar de não ter ensaiado os passos, se adapta e se ajusta, criando uma experiência de comunicação. Para além da realidade, é preciso considerar que a fantasia e o sonho se organizam a partir dessas primeiras experiências de continuidade e adaptação rítmica.

No entanto, é preciso tempo para que mãe e bebê se ajustem um ao outro – é preciso tempo para que a mãe abra mão de seu narcisismo e das possíveis projeções para que possa acolher o bebê real, com aquilo que lhe é próprio, com seus movimentos, ritmo, características. É preciso se permitir não saber para poder amar, para acolher o estrangeiro, este estranho das entranhas. É sempre bom lembrar que estes dois seres que partilham o mesmo corpo, por mais paradoxal que possa parecer, ainda não se conhecem. Além disso, como nos lembra André (2010), "nada garante, *a priori*, a inscrição da vida psíquica no tempo" (p. 16, tradução nossa). Acrescento, ainda, um pensamento de Cintra e Figueiredo (2004, 2010, p. 93), ao afirmarem que,

> *em todo processo de luto, há aceitação de uma morte e algum tipo de renascimento. Temporalização e constituição do sujeito. Morte, luto e renascimento: esse mo-*

> *vimento cíclico é também a melhor metáfora do processo de constituição do sujeito.*

André (2010) chama atenção para o fato de que, ao olharmos para a cena do nascimento, da perspectiva de Rank (1923/2016) e Freud (1926/2014c), não encontraremos nenhuma palavra sobre a mãe, sobre seu estado emocional e sobre sua disponibilidade para acolher o bebê que chega. Sendo assim, como saber se ela será, necessariamente, boa o suficiente, sem considerarmos o bebê que acaba de encontrar e, além disso, que tipo de demanda ele trará?

O depoimento que se segue parece corroborar a afirmação do autor. É preciso olhar para a mãe, escutá-la e, a partir da escuta e da observação, somos direcionados a compreender a dinâmica interacional da dupla que acaba de se encontrar e começa, em conjunto, a construir um ritmo e uma afinação que serão sempre muito singulares. Vemos, também, como o não reconhecimento de si vai gerando um processo de elaboração de luto, até que uma abertura aconteça. Mas, para isso, é preciso tempo. Diz Joana:

> *Mas daí quando a medicação começou a fazer efeito, um dia, de repente, eu acordei bem. A gente tá dividindo a cama. . . . Aí, finalmente, eu acordei, vi o Lucas do lado e fiquei feliz. E isso não acontecia. Eu ficava triste de... caralho, eu tenho um filho, eu tenho que cuidar dele. Daí foi um dia que ele tinha acordado e eu ah, bom dia! Foi assim, muito claro pra mim. Foi como um click: e aí na hora eu percebi, nossa, eu tô contente de ver meu filho e aí deu um gás, nossa, eu acho que eu tô bem. Daí consegui começar a fazer as coisas de novo e tal, foi muito bom!*

Em sua entrevista, Joana foi dando sinais de uma força interior. Em algum momento, perguntei como ela havia conseguido sustentar o desejo de amamentar, apesar do quadro depressivo, da dor da amamentação e das dificuldades em geral. Sua resposta me pareceu muito sugestiva sobre seu modo de funcionar: "*Eu acho que boa parte de eu ter conseguido seguir em frente foi teimosia. Tipo, se eu quero uma coisa, eu vou conseguir, eu vou dar um jeito. Vai rolar*". Racionalmente, ela sabia o que era melhor para o bebê e se dispôs a sustentar sua decisão, apesar das dificuldades; essa obstinação foi então abrindo caminhos para que uma relação se instalasse e se estabelecesse. Mas foram meses difíceis até fazer caber o filho em seu cotidiano, até que a alegria de poder compartilhar a vida com ele se instalasse. Ela segue seu relato sobre o processo de encontro:

> *Foi a semana que ele começou a andar, eu menstruei e comecei o projeto de um filme. Eu achei tudo sincronizado, muito harmônico. E é isso, é coisa de respeitar a natureza. A gente deixou a coisa ir fluindo e aí a natureza respondeu.*

Foram meses até que o novo integrante fosse descoberto como algo bom. Mais precisamente, que houvesse uma alegria e um encantamento com sua presença. Vemos então que isso que chamamos de amor pode levar um tempo para acontecer. E que é a partir dos cuidados e das trocas interativas que se dá o processo de conhecimento e de aproximação emocional com este outro que pode, muitas vezes, continuar como um elemento estranho por algum tempo.

A imagem de uma dança interativa nos faz lembrar que, apesar de frágil e dependente, o bebê é participante ativo no baile. Mãe e filho dançam juntos, adaptando-se um ao outro, e, embalados pelo ritmo emocional produzido no e pelo encontro, vão aos poucos afinando a comunicação presente nos gestos e nas trocas. E, então, uma partitura musical ganha corpo e as experiências se inscrevem, marcando o ritmo e a intensidade que organizam e embalam uma história que há muito se iniciou, mas que pode finalmente começar a acontecer. É aí que os sonhos acontecem e o campo da criação se organiza e se instala. As fantasias ganham forma e o infantil comparece, tecendo o enredo criativo e criador que sustenta e alimenta a vida psíquica, a arte, mas também a dor.

6. O nascimento e a clínica psicanalítica: vir à luz, desvelar

A lembrança da vida da gente se guarda em trechos diversos, cada um com seu signo e sentimento, uns com os outros acho que nem não misturam. Contar seguido, alinhavado, só mesmo sendo as coisas de rasa importância. . . . Tem horas antigas que ficaram muito mais perto da gente do que outras, de recente data.
(João Guimarães Rosa, 1956)

Freud (1939/2006b), no ocaso de sua obra, em *Moisés e o monoteísmo*, vai em busca das origens da religião judaica e, significativamente, retoma também as origens da constituição psíquica:

> *Mas uma nova compilação surge quando nos damos conta da probabilidade de que aquilo que pode ser operante na vida psíquica de um indivíduo pode incluir não*

> *apenas o que ele próprio experimentou, mas também coisas que estão inatamente presentes nele, quando de seu nascimento, elementos com uma origem filogenética – uma herança arcaica. Surgem então as questões de saber em que consiste essa herança, o que contém, e qual é a sua prova. (p. 112)*

Tal afirmação me remete às origens deste trabalho, que, a princípio, tinha como objetivo compreender de que ordem seriam as características iniciais observadas nos bebês. Lembro, então, da inflexão ocorrida ao longo de meu percurso, em função das dificuldades de delimitação do objeto de pesquisa, mas, principalmente, a partir do encontro com as mulheres entrevistadas que, ali na minha frente, queriam falar: falar de si, do que viveram e viviam no exercício contínuo e descontínuo da maternidade e, sobretudo, de sua própria humanidade.

De todo modo, se a clínica psicanalítica se ocupa, justamente, de um mistério, ao ir em busca, por meio de um trabalho a dois, das primeiras experiências e deste primeiro ser, ou deste *vir a ser*, pude entender que a essência de minha questão permaneceu. Afinal, ao escutar sobre o encontro e os mistérios desse encontro, e ao testemunhar as atualizações de cada história individual que se faziam vivas com a chegada do bebê, vi-me em contato com verdades humanas que também estão presentes na clínica e na relação transferencial. Nesse sentido, o desejo de me aproximar do mistério do bebê continuou vivo, tomando, no entanto, outra forma, uma vez que, como analista, fui compreendendo que o sentido da essência humana aparece em nosso trabalho, cotidianamente, por meio do que não foi dito, do que não foi vivido e do que carece, a partir do encontro, de significação.

Freud (1939/2006b) segue, tratando justamente do trabalho clínico:

> *A representação simbólica de determinado objeto por outro – a mesma coisa aplica-se a ações – é familiar a todos os nossos filhos e lhes vem, por assim dizer, como coisa natural. Não podemos demonstrar, em relação a eles, como a aprenderam, e temos de admitir que, em muitos casos, aprendê-la é impossível. Trata-se de um reconhecimento original que os adultos, posteriormente, esquecem. É verdade que o adulto faz uso dos mesmos símbolos em sonhos, mas não os compreende a menos que um analista os interprete para ele, e, mesmo então, fica relutante em acreditar na tradução. (p. 113)*

Aqui o autor usa a palavra que me parece essencial para fazer a ligação que pretendo explorar neste capítulo, qual seja, uma possível relação metafórica, eu diria, entre a forma como mãe e bebê se relacionam quando esse é ainda frágil, dependente e precisa ser *traduzido*, e a relação analítica, na qual experiências primitivas e não significadas serão também *traduzidas*, numa outra relação a dois, agora entre analista e analisando.

Mas, para sustentar essa ideia, penso ser importante localizá-la em um ponto específico da psicanálise. Trata-se de situar o pensamento, levando em conta o trabalho feito por Freud, que permitiu construções posteriores, tanto de Winnicott quanto de Melanie Klein. Esses últimos dois autores farão um trabalho, cada um à sua maneira, fundamental para o desenvolvimento e o aprimoramento de uma clínica que se movimenta e se desenvolve cotidianamente, como a mãe, que se adapta à evolução e ao desenvolvimento do bebê, que segue em crescimento. Além disso, paralelamente à construção do pensamento freudiano, Ferenczi também produz sua teoria, propondo uma reflexão clínica que influenciará diretamente o trabalho e o pensamento de autores como Michael Balint, Christopher Bollas, entre outros.

Essa digressão me parece importante, uma vez que o chamado "grupo independente" ou "analistas do terceiro grupo" terão elementos, a partir dos pensamentos de Klein e Winnicott, e também influenciados por Ferenczi, para pensar uma clínica na qual a disponibilidade do analista é elemento central, não só como aquele que interpreta, mas também permitindo que movimentos regressivos aconteçam no *setting* terapêutico.

A partir dessa visão, trata-se de tolerar, na situação analítica, "outro tipo de comunicação além da expressa em palavras", como propõe Balint (1968/2014, p. 91). Tal proposição tem relação direta com a capacidade de Winnicott e Klein de teorizarem, cada um à sua maneira, sobre os movimentos psíquicos do bebê e, mais do que isso, da relação que se estabelece entre a díade. Daí o desejo de fechar esta tese, que versa sobre o encontro da mãe com seu bebê, pensando também o encontro analítico.

Sobre a travessia do abismo

Retomo aqui a condição enigmática do bebê. Forjado pela genética que carrega, elemento fundante de sua história, nasce da mãe uma criatura ainda desconhecida, trazendo as marcas da misteriosa mistura cromossômica, mas também psíquica de duas pessoas (a tal matemática em que um mais um fará três). A mudança de cena, ou a passagem à luz, traz um estrangeiro: sem linguagem e com necessidades, precisa ser compreendido. E traduzido. Arrisco dizer que, se o bebê pudesse falar, talvez dissesse à mãe: "eu ainda não me encontrei e você veio me trazer notícias sobre mim mesmo". Ou, ainda, nas palavras de Joana:

> *A impressão que eu tive é que ele [o filho] veio de outro... outro planeta. Outro universo, e está aqui, de visita,*

> *quer dizer, de visita não. Chegou nesse plano aqui e está supercurioso, e a impressão que eu tenho é que eu e o Ivo [o pai] somos meio que os guias turísticos dele. A gente está sempre apresentando o mundo pra ele, explicando o que é tudo e como as coisas funcionam.*

Amrhein (2012), em um artigo intitulado "Questions à Freud sur la traversée de l'abïme" (Questões a Freud sobre a travessia do abismo), explora as origens do termo *Hilflosigkeit*, tratado no capítulo anterior, e faz também uma digressão sobre os possíveis sentidos do termo "traduzir". No vocabulário europeu dos filósofos, traduzir (ou, no alemão, *übersetzen*) significa "passar de um rio a outro". O autor acrescenta, ainda, que traduzir pode significar transplantar uma palavra para um solo estrangeiro, dar às palavras uma dimensão outra, que ultrapassa seu uso. "Heidegger diria transpor o trabalho do pensamento no espírito de outro idioma, e assim transformá-lo, de forma frutífera" (Amrhein, 2012, p. 44, tradução nossa). A tradução seria, então, segundo o autor, transpor para outro universo, conduzir de um lado a outro, em um contexto que revelaria a verdade.

Podemos acrescentar a essa ideia de Amhein outro pensamento, proposto por Golse (2010):

> *Os processos originários, responsáveis por formarem a base dos processos psíquicos ulteriores, para que possam ser estruturantes, devem poder ser objetos de traduções e re-traduções sucessivas – e isto se dá num contexto de relação com um adulto falante, ou pelo menos pensante – eles devem igualmente acontecer em um processo de historização e circulação próprios ao campo da dinâmica do après-coup. (p. 8, tradução nossa)*

A reflexão do autor nos remete à condição de estrangeiro do bebê: esse que sai da água para a vida aérea, sem linguagem e sem autonomia. O "adulto falante, ou pensante" seria o responsável por traduzir este enigma que agora carrega nos braços. E além de precisar traduzir o bebê, num esforço psíquico intenso para compreendê-lo, ele também é responsável por traduzir ou apresentar o mundo para o filho, como nos conta Joana.

Já ao final de sua obra, no texto *Análise terminável e interminável*, Freud (1937/2006a) retoma o termo "Trauma do Nascimento", proposto por Otto Rank (1923), e já discutido por ele em *Inibição, sintoma e angústia* (1926/2014c). O autor lembra que, para Rank, a verdadeira fonte da neurose seria o ato do nascimento. Isso porque a neurose encerraria, em si, a possibilidade de a fixação inicial de uma criança à mãe não ser superada e persistir como repressão primeva. A proposta de Rank, segundo Freud, seria que, ao lidarmos com esse trauma inaugural durante um processo de análise, estaríamos livres de toda a neurose que pudesse nos acometer.

Freud faz uma dura crítica a tal proposta, analisando-a como um produto de seu tempo, num contexto que envolvia a prosperidade americana do pós-guerra e projetada "para adaptar o ritmo da terapia analítica à pressa da vida americana" (Freud, 1937/2006a, p. 231). Afirma, ainda, que a proposta de Rank certamente não faria mais do que o Corpo de Bombeiros na seguinte situação: ao ser chamado para socorrer uma casa que pegara fogo em função de uma lâmpada a óleo emborcada, contenta-se em somente retirar a lâmpada do quarto onde o fogo havia começado.

A crítica de Freud à radicalidade da proposta de Rank, que localiza e circunscreve a neurose ao trauma do nascimento, leva-nos a questionar e buscar ampliar as reflexões sobre a significação dessa realidade (ou verdade humana), sem desconsiderar a marca e a força do longo tempo gestacional e também de dependência, em função da radicalidade da prematuridade humana, e seu corolário – a necessidade de ser amado – que nos acompanha durante toda a vida.

Como afirma Barros (2010),

> *no processo de desenvolvimento desencadeado pelo nascimento, estas forças internas precisam ser submetidas a algum tipo de trabalho de ligação para que possam se transformar em símbolos, que evitariam o imediatismo da descarga, criando o domínio psíquico.*

Assim, a *cesura* do ato do nascimento, bem como sua cicatriz, se fazem presentes e nos lembram, constantemente, de nossa condição de desamparo, assim como do desejo e da necessidade de sermos amados e, mais do que isso, compreendidos ou, ainda, *traduzidos*.

As relações de objeto e a clínica

A busca por análise vem, em geral, marcada pela urgência e pelo sofrimento. Dificuldades importantes e centrais, nas quais um enigma impossível de ser decifrado sem o olhar, a presença e a intervenção de um Outro, movem o sujeito na direção do trabalho analítico. Freud (1931/2014d) lembra que não devemos ignorar que os primeiros impulsos libidinais possuem uma intensidade superior a todos os que vêm depois e que estes podem ser qualificados como "incomensuráveis" (p. 397). Marin (2001), ao retomar o conceito de psicopatologia fundamental, lembra que esta se interessa pela

> *manifestação subjetiva que, em última análise, é um dado inédito que se manifesta no sujeito em função de sua fragilidade frente a um estímulo desmesurado, diante*

> *do qual não encontra defesa. Esse estímulo é vivido como violência contra o sentimento de equilíbrio, de invulnerabilidade, de paz. (p. 85)*

Assim se configuram as dificuldades de quem procura análise: vemos, por vezes, sujeitos presos a cadeias repetitivas, como se enlaçados por movimentos internos, por vezes muito primitivos, que não compreendem nem controlam. Por outro lado, intuem que, ao se disporem a colocar luz sobre seu modo de funcionamento, correm o risco de enfrentar o imprevisível e o recalcado de sua história. Aquilo que se encontra bem guardado, propositalmente, pelo aparelho psíquico, modo econômico de funcionamento, característico do humano. Nesse sentido, a dor pode ser insuportável, e as urgências se fazem presentes, convocando o analista a se posicionar e, por vezes, se reposicionar, questionando a imobilidade de seu lugar, as interpretações excessivas, bem como a rigidez, que podem cristalizar e ameaçar o trabalho analítico.

A esse respeito, Ferenczi (1928/2011a), em seu texto "Elasticidade da técnica psicanalítica", discute, de forma honesta e contundente, a necessidade constante de movimento por parte do analista, que deve revisitar sua prática cotidianamente, a partir dos movimentos feitos pelos pacientes. E faz um alerta: "ser parcimonioso nas interpretações, nada dizer de supérfluo, é uma das regras mais importantes da análise; o fanatismo da interpretação faz parte das doenças de infância do analista" (p. 38).

Amrhein (2012), ao retomar o pensamento freudiano presente no *Projeto para uma psicologia científica* (1895), acrescenta que será por meio de ajuda estrangeira, pela intervenção de um indivíduo experiente e atento ao estado da criança, por exemplo, a seu choro, que uma ação acontecerá. Segundo o autor, Freud designa, por vezes, a função de apoio, mas acentua também a condição de estranhamento deste Outro primordial, atento.

> *Notemos a insistência de Freud sobre o caráter atento, Aufmerksam, traço necessário deste Outro. Essa via de descarga, Abfuhrbahn, adquire assim uma função secundária muito importante, esta da compreensão mútua, Verständigung, eu diria também um acordo sobre um senso comum, uma forma de língua de signos. (Amrhrein, 2012, p. 45)*

Penso haver uma possível relação entre este Outro primordial, representado pela mãe-ambiente, que acolhe e busca, na medida do possível, decifrar o bebê – ainda enigmático –, e este Outro que se apresenta, quando vamos em busca do encontro analítico: estranho e, ao mesmo tempo, atento e disponível.

André (2010) afirma que

> *a transferência, mais do que nunca, repete aquilo que não pôde acontecer, ainda que tenha sido inconscientemente desejado. A psicanálise, então, consiste menos em aportar o que faltou, mas mais em transformar nada em alguma coisa (p. 13, tradução nossa).*

Penso na relação de dependência do bebê que, apesar de vir com seu aparato de pensar, com potencial para o desenvolvimento, precisará do Outro para que sua condição de existência possa, de fato, se constituir. Retomando André (2010), "por mais paradoxal que pareça, o nada, ou o branco da vida (sem dúvida relacionado ao inconsciente da mãe), estaria inscrito muito profundamente" (p. 13, tradução minha). Parece ser justamente aí, neste "branco", que deverá se desenhar o trabalho analítico, na criação, a partir da relação, de vivências que ainda não aconteceram.

Um pequeno extrato de minha experiência clínica pode esclarecer o que seria um processo no qual a tradução, ou o que Balint

(1968/2014) e Amrhein (2012) chamam de *travessia do abismo*, comparece. Fui procurada por uma jovem mulher, que justificou a escolha de meu nome, em meio a outros que lhe haviam sido sugeridos, por ter tido a informação de que eu falava outras línguas, além do português. Ela também falava e se interessava por outras línguas e, em nosso primeiro encontro, me contou sobre a sensação constante de não ser compreendida, ou de não conseguir se expressar e expressar o que sentia.

Ao longo do trabalho analítico, vamos percebendo, juntas, sua dificuldade de se permitir sentir e desejar. À mercê do olhar do outro, sentia-se constantemente inadequada, uma vez que tentava prever o que esperavam dela antes de agir: traço claro de falta de espontaneidade. Negociava internamente o tempo todo, afastando os desejos mais básicos, como comer algo quando estava com muita vontade.

Certa vez, tentou me relatar um sonho, dizendo o seguinte: "*seria tão mais fácil se eu pudesse projetar as imagens*". Não acreditava em sua capacidade de se comunicar, nem em minha própria de compreendê-la. Ao longo do trabalho, fomos acessando sua história. Sua mãe, oriunda de uma família que imigrou para o Brasil quando ainda era criança, falava com a própria mãe em sua língua materna, mas, com os filhos, em português. A comunicação no núcleo familiar, porém, sempre foi difícil, e a mãe parecia não conseguia expressar em palavras seus desejos, incômodos, irritações e insatisfações. A comunicação em casa se dava por grunhidos e gestos abruptos, nunca com palavras claras. A mãe, fomos percebendo, não pôde ser acessada, permanecendo um enigma para a filha, sempre temerosa de suas reações.

Via-me buscando revelar, junto a ela, isso que Ab'Saber (2005) define como

> *algo que é a imagem impressa, mas invertida, da forma psíquica do outro. Se em nós se dá a luz da imagem da relação criada entre os sujeitos, com criações advindas desde a luz de nosso próprio desejo, também temos indicado ali o negativo da foto, algo da forma psíquica que é própria do outro que se ilumina em nós. (p. 27)*

Esforçava-me por compreender o funcionamento psíquico da mãe e seus efeitos sobre a forma como a filha, minha paciente, havia se organizado, constantemente duvidando de minha capacidade de compreendê-la, de acolhê-la. Buscava, por meio de minha escuta, abrir possíveis caminhos para um espaço de criação que, quem sabe, pudesse lhe permitir o acesso a uma experiência de unidade, algo que parecia lhe faltar, dada a rigidez com que se arrastava pela vida. Via-me criando, internamente, imagens de uma mãe que, como descreve Marin (2001), "não falou suficientemente, que não *violentou* com suas interpretações, que não a *inquietou*, não lhe respondeu aos apelos, não lhe aquietou frente a suas manifestações pulsionais" (p. 89, grifos da autora).

Ao longo de nosso trabalho, via-me dizendo a ela, constantemente, que eu estava entendendo e que ela podia simplesmente falar o que lhe ocorresse, e que, juntas, encontraríamos sentidos possíveis para o que sentia e para seu modo de funcionar. Aos poucos, ela foi podendo confiar que aquilo que comunicava era, sim, compreendido e, mais do que isso, poderia ser significado. Minha paciente foi, aos poucos, aprendendo a reconhecer seus limites internos, seus desejos, e a necessidade de diferenciação do outro; algo extremamente complexo, pois deixar-se invadir pelo que vinha de fora, sem conseguir reconhecer suas bordas e delimitações, parecia ser sua forma natural de existência. De minha parte, percebi a necessidade de esperar, de não atravessar seu tempo, de não ter expectativas que pudessem forçá-la ou invadi-la. Ao contrário, por meio de palavras claras e de uma presença constante, sinto que fomos produzindo um novo tecido de existência, no qual a possibilidade de criação foi, lentamente, se instalando.

Retomando Ab'Saber (2005), ao longo de uma análise, trabalhamos para recuperar "algo da *capacidade de devoção materna* no humano", algo que é muito importante para essas pessoas, sinalizando que "nem tudo está perdido, se puder ser reconhecida pelo analista com clareza" (p. 24).

Ao começar a me aprofundar na construção da experiência e do conceito de tempo na vida do bebê, fui me aproximando do sentido das urgências, da impossibilidade de espera e das angústias impensáveis, como propõe Winnicott (1945/2000a). Nesse processo, os movimentos maternos são o elemento central, responsáveis por garantir a continuidade e a sustentação psíquica da criança. O ajuste, a afinação, a recepção atenta e sensível daquilo que o bebê comunica garantem as primeiras experiências de continuidade e de sensação de integração. E, assim, minha clínica se fez viva nesse trabalho que, inicialmente, se restringia ao tema do nascimento. Minha clínica com pacientes adultos, é preciso dizer. Afinal, como nos lembra Winnicott (1949/2000c), "não há método mais importante para estudar o trauma do nascimento do que este que se encontra tão obviamente à nossa disposição, a saber, a psicanálise de adultos e crianças" (p. 257).

A espera, o respeito, os movimentos não intrusivos, a suspensão das expectativas, a repetição e a previsibilidade dos gestos, bem como as falhas que puderam ser faladas e reparadas, me direcionaram a pensar sobre a prematuridade humana e de seu acolhimento por parte do analista. Também se faz presente o elemento da narratividade: se o bebê que nasce convoca, naquele que o recebe, o bebê que este foi um dia, da mesma forma, a cada novo paciente, o analista também se vê convocado a se posicionar, levando em conta seus próprios movimentos inconscientes, primitivos e, por vezes, imprevisíveis.

O tempo da psicanálise e o tempo do mundo

Winnicott (1954/2000g) lembra que o trabalho analítico não se restringe somente ao exercício de uma técnica. "É algo que nos tornamos capazes de fazer quando alcançamos um certo estágio na aquisição da técnica básica" (p. 374). O autor segue, afirmando que o trabalho do analista envolve sua capacidade de cooperar com o paciente, acompanhando-o em um *processo.* Lembra, ainda, que cada paciente tem um ritmo próprio e caminha em uma direção muito particular.

Ora, podemos supor que, da mesma forma que a mãe se dispõe a esperar o gesto espontâneo do bebê, pronta e disponível para encontrar nesse gesto um sentido, assim também opera o analista, que se disponibiliza e aguarda, numa condição que, em termos bionianos, pode ser descrita como sem desejo e sem memória.

Golse (2003) afirma que o encontro entre o adulto e o bebê pode ser concebido como um verdadeiro "espaço de narração" (p. 100). Lembra ainda que o conceito de narratividade remete, fundamentalmente, a uma atividade de ligação. Retomo, então, o corte do cordão umbilical, a *cesura* e, inevitavelmente, o momento em que a palavra soa aos ouvidos do bebê que começa a ser nomeado para, por fim, iniciar sua ligação com o Outro.

E aqui é possível também relembrarmos da catástrofe, resultado da mudança radical vivida pelo bebê, que será acolhido e sustentado fisicamente. Mas, para além da sustentação física, devemos também acessar a rede de linguagem, o banho de palavras ainda enigmáticas, porém fundamentais, como um trauma a ser reparado, à medida que o ambiente consegue acolher, cuidar e sustentar psiquicamente o estranho que chega. Assim, também a experiência analítica, em profundidade, é uma mudança catastrófica, na qual

> *analista e analisando ousam perturbar o universo mental um do outro, em vista de novas experiências na passagem para um novo universo (de linguagem e cultura, de pensamento e sentimentos). (Rezende, 1999, p. 7)*

O Outro traz significantes que são enigmáticos, uma violência, como propõe Aulagnier (1975/1979), mas que têm também a função de oferecer a dimensão simbólica, necessária para que a dimensão psíquica se instale. Esses significantes forçam o psiquismo a uma elaboração que então se inicia. Dito de outro modo, retomando o pensamento de Golse (2003), o adulto ensaia introduzir ao recém-nascido elementos à imagem de suas próprias representações de infância, e induz no bebê movimentos identificatórios ou contraindentificatórios. Tal exercício ocorre por meio

> *de micro-sequências interativas que falam de sua visão do mundo (o masculino, o feminino, o maternal, o paternal...) e que são o suporte concreto de certo número de mandatos transgeracionais inconscientes. (Golse, 2003, p. 103)*

Toda essa dimensão da experiência inicial é o traço que fica na cultura, produzindo a ancoragem necessária para que um *eu* corporal possa se constituir. Ainda segundo Golse (2003), "a palavra se co-constrói entre as crianças e os adultos; é fruto de uma co-escritura ativa" (p. 101). Para o autor, a narratividade, ela mesma, encontra-se como produto das interações precoces. Além disso, lembra que, no momento desse encontro inédito, a forma como o adulto recebe o bebê é também sua maneira de contar à criança sua própria história. Ou seja, o adulto conta ao bebê, a partir dos movimentos interativos, o bebê que ele mesmo foi, ou crê que foi. De sua parte, o bebê também conta, à sua maneira, sobre seus primeiros encontros interativos e interacionais.

Desses movimentos, dessa balada ou dança interativa, podemos observar o surgimento de uma terceira história:

> *Uma terceira que nasce, que se origina, que se enraíza nas duas primeiras, a do adulto já vivida e a do bebê que começa a viver, mas que pode funcionar como um espaço de liberdade. Uma terceira história que se constrói à medida que ela se faz e que se diz – mas que só pode ser estruturante para o bebê na condição de fazer laço com as duas histórias que lhe pré-existem, deixando espaço para o novo, para o possível, para o não-já-advindo. A esse preço, mas somente a esse preço, o bebê poderá conquistar sua identidade narrativa, a qual só pode ser, sabemos disso, uma criação interativa. (Golse, 2003, p. 103)*

A construção narrativa de uma terceira história (marcada pelo encontro e pertencente a ele) nos remete ao conceito winnicottiano de transicionalidade. É justamente nesse lugar, nesse terceiro lugar, que não pertence a um ou a outro, que a clínica psicanalítica se situa. É nesse novo espaço que se forma e se constrói (ou pelo menos é isso que se espera dessa prática) uma zona intermediária, criativa e criadora, em que ocorre a comunicação dos elementos inconscientes de um, associada a uma escuta marcada pela atenção que flutua de outro, ou seja, na qual aspectos inconscientes desse que se dispõe a ouvir e acolher também se fazem presentes.

Pensar o nascimento é pensar os movimentos de um e de outro, de um na direção do outro, aproximação e distanciamento, conhecimento e estranhamento. É no tempo, na continuidade e na busca de prever o imprevisível que os encontros se dão e os desencontros traumatizam. E é justamente nas fendas do traumático que o trabalho analítico encontra seu lugar, bem como suas dificuldades.

Assim, parece justo propor que a análise opera no campo dos primeiros impulsos libidinais. Ao atualizarmos, na relação transferencial, os elementos centrais e fundantes das relações objetais, atuamos, inevitavelmente, tendo como propulsores do investimento afetivo os enigmas, as urgências e o incomensurável.

Para Ciccone (2014), não é possível pensar em cuidado psíquico sem encontro humano. Lembra ainda que o encontro consigo mesmo implica, antes de tudo, o encontro com um Outro. Associada a isso, outra contribuição winnicottiana, também essencial na aproximação entre nascimento e encontro e clínica e encontro, refere-se à ideia de sobrevivência do analista, desenvolvida em seu texto *O ódio na contratransferência* (Winnicott, 1947/2000b). Isso porque não me parece possível, como já desenvolvido anteriormente neste trabalho, pensar em amor materno sem ambivalência e sem ódio.

Além disso, é preciso levar em conta a voracidade do bebê, seus ataques violentos, suas urgências, sua indiferenciação, uma vez que, sendo incapaz de reconhecer a si mesmo, é, inevitavelmente, incapaz de reconhecer o outro que dele se ocupa. Em contrapartida, devemos levar em consideração a capacidade de sobrevivência materna a tais ataques. Sobrevivência e, é preciso lembrar, com Winnicott (1947/2000b), capacidade de viver tais experiências sem retaliação.

Da mesma forma, o analista deve ter condições de suportar os movimentos, os ataques e os impasses do paciente, resistindo às tensões presentes nesse processo, e isso, às vezes, por um longo período. "Para consegui-lo ele deve ter facilidade em dar-se conta de seu medo e de seu ódio. Ele se encontra na mesma posição da mãe de um bebê recém-nascido ou ainda não nascido" (Winnicott, 1947/2000b, p. 282). Ou, ainda, como propõe Kahn (2019):

> *Na lacuna vertiginosa entre a ação das forças pulsionais e o uso da linguagem, cada analista é, novamente, para*

> *seu paciente este Nebensmensch, este ser humano próximo-prestativo, colocado na berlinda, uma vez que atrai os processos primários com seu componente alucinatório. Como sublinha Freud no Projeto (1895), ele é a primeira fonte de satisfação, mas também o primeiro objeto hostil. (p. 19, tradução nossa)*

O momento do nascimento tem, como elemento central, o encontro da mãe com o bebê sonhado, idealizado, rejeitado, desejado, há muito pensado, mas, acima de tudo isso, estranho. E estranho, sobretudo, por estar tão dentro, tão perto, tão ligado, mas, ainda assim, não visto, não tocado e, portanto, não conhecido. Winnicott (1965/1982) propõe que o bebê passa de hóspede no corpo da mãe para hóspede em seus braços, marcando então essa condição de contato e distanciamento.

Mas como será esse hóspede e, mais do que isso, o que se espera dele e que funções terá? Elementos que comparecem na clínica quando juntos, analista e analisando, ousam ir em busca dos vários sentidos da existência, bem como das amarras psíquicas, capazes de adoecer e paralisar o acontecer humano. Retomo, aqui, outro extrato clínico que ilustra o périplo vivido pelo analista e pelo paciente, em busca dos sentidos originários que fundam o funcionamento psíquico.

Os anos que passei no exterior me levaram a suspender minha prática clínica, o que produziu efeitos importantes em meu psiquismo, por me ver distante de uma forma de existir que me compunha e me sustentava. Ao retornar ao Brasil, decidi, então, retomar o trabalho aos poucos. Comecei atendendo em uma clínica que aceitava convênios e, em geral, costumava trabalhar em um horário em que não havia mais ninguém, além de mim e meus pacientes. Foi-me encaminhado um jovem de 20 e poucos anos, com um quadro importante de pânico e depressão, medicado desde a adolescência e já sem muita esperança de melhora. O diagnóstico parecia impregnado, tanto nele quanto em seu entorno. Suas sessões eram cobertas pelo convênio, que era pago pelo pai. Minha impressão era de que se tratava de um rapaz inteligente e sensível, características observadas apesar de sua pouca vitalidade.

Iniciamos o trabalho e, aos poucos, ele foi me contando sua história: os pais ainda viviam juntos, apesar de não compartilharem, já há muitos anos, uma relação marital. Havia feito algumas tentativas de sair de casa, mas elas sempre fracassavam. Ao buscar compreender e justificar a impossibilidade de independência, citava Maria Rita Kehl, em seu livro *O tempo e o cão*, dizendo que ela sempre o lembrava de que "o depressivo conhece muito bem o caminho de volta pra cama". A última tentativa de saída havia ocorrido pouco antes de me procurar, mas foi uma "saída-suicida", como depois pudemos juntos elaborar, uma vez que já não estava bem e voltou para casa com seu quadro muito agravado. A saída estava ligada ao desejo de "escapar" de um ambiente familiar pouco saudável e, como concluímos juntos, durante a análise, uma casa que mais lembrava um manicômio.

Sobre sua própria história, sabia (uma vez que a mãe contara e recontara) que, de início, ela havia pensado em abortar, pois o casamento já ia mal. Mas logo acrescentava que era sempre grata por sua vida, pois, quando bebê, ele a havia salvado de uma depressão que se arrastava há muitos anos. Além disso, após seu nascimento, o marido havia deixado de ser violento. Esse tema aparecia com frequência nas sessões, quando um dia ele chegou com um desenho, em seu caderninho em que escrevia anotações e poemas. No desenho, era possível ver um bebê ligado à mãe por um cordão umbilical feito de sague. Segundo ele, ao produzi-lo, deu-se conta de que era um "bebê-escudo", responsável por proteger a mãe das violências e dos excessos do pai.

Pudemos então compreender que suas dificuldades para sair de casa poderiam estar ligadas ao lugar que ocupava, responsável pelo estado emocional da mãe, bem como por protegê-la do pai. Congelado nesse lugar, o sintoma parecia proteger a todos, paralisando, no entanto, sua própria existência.

O trabalho analítico foi se enriquecendo e, com o tempo, ele foi apresentando melhoras significativas. As crises de pânico foram diminuindo e, em uma das sessões, vivemos uma situação que produziu marcas simbólicas, para mim e para ele. De minha parte, eu começava a me preparar para me estabelecer em meu próprio consultório, sentindo-me pronta para fazê-lo. E ele, cada vez mais seguro de que poderia sair de casa caminhando com as próprias pernas, contando com seus recursos, sem ter de fugir de ninguém, sem mais se sentir responsável pela mãe ou pela família que ficava. Por outro lado, eu sabia que suas sessões eram pagas pelo pai, e sair da clínica representava ter de encaminhá-lo ou pensar em uma alternativa possível para nós dois.

Foi quando um certo dia, ao fechar a porta para iniciarmos a sessão, o trinco caiu. Ficamos então presos na sala – não havia mais ninguém no prédio e meu celular estava descarregado; não tínhamos a quem recorrer. Preocupei-me com seu quadro de pânico, ao mesmo tempo que tentava pensar em uma solução. Foi quando, muito calmamente, ele tirou da mochila um canivete e, com muita destreza, conseguiu abrir a porta.

Na sessão seguinte, conversamos sobre sua capacidade de abrir a porta sozinho. Anunciei que me mudaria para um consultório particular e que seria importante ele continuar o trabalho comigo, pagando o quanto pudesse por suas sessões, mas sem a ajuda do pai. Alguns meses depois, ele se mudou com a namorada, com quem passou a viver. Separou-se alguns anos depois, mas não precisou mais retornar à casa dos pais.

A afirmação de Klein (1957/2006a, p. 210), de que "o seio bom é tomado para dentro e torna-se parte do ego, e o bebê, que antes estava dentro da mãe, tem agora a mãe dentro de si", me leva a pensar no trabalho analítico e naquilo que, a partir do acesso e da significação da história pessoal do paciente, pode lhe oferecer como estofo subjetivo, qual seja: a possibilidade de uma nova forma de existência, na qual o trabalho, uma vez internalizado, pode se tornar parte de si, como fonte de recursos para uma nova existência.

Nesse trabalho conjunto, vemos os movimentos psíquicos de uma dupla que se dispõe a trilhar um caminho. Dois psiquismos que se enriquecem um do outro, produzindo novas formas de existência, gerando transformações mútuas que acontecem no fio da tecelagem de um tempo que é sempre muito próprio, singular de cada encontro.

Como nos lembra Ab'Saber (2005), "uma imagem de nós mesmos sempre nos compõe, mesmo que não tenhamos nenhuma consciência dela: refletida nos outros, ela volta fazendo efeitos e propondo lugares psíquicos para habitarmos" (p. 21). Penso que esse efeito, produzido pelo encontro com o outro, é representativo do encontro mãe-bebê; afinal, nessa situação específica, o efeito de reflexo devolve um ao outro, e ambos podem então começar a ser.

E, assim, este ser desconhecido e enigmático, provocador de sensações e sentimentos, pode, enfim, ser visto e, ao ser visto, pode começar a existir; e a mãe, em contato com o novo, com o estranho nela mesma, também passa a poder existir nessa nova condição. Nesse sentido, a função dinâmica do objeto é que precisa ser enviada ao bebê, como sinal. Não é sua imagem física, e sim sua condição psíquica. É a modalidade da mãe que o bebê reconhece, são suas características dinâmicas. Daí a complexidade dessa relação.

Ab'Saber (2005) retoma a presença desses elementos que se atualizam na experiência analítica. É justamente no contexto dessa relação que as ansiedades e representações se expressam "na sala e no ser do analista" e tendem, segundo o autor, "a constituir a sua modificação de sentido lógico e de função psíquica no coração mesmo da fantasia e da natureza de sua defesa" (p. 31).

Ora, mais uma vez, lembramos de Freud (1931/2014d), para quem o amor da criança é desmedido e não se satisfaz com frações. E o que vemos, na relação transferencial, é o desejo e a fantasia de exclusividade do paciente, que busca, por vezes, de forma voraz, encontrar no analista uma fonte infinita de respostas para aquilo que ainda não pôde ser significado como experiência. Assim, nos entregamos

> *a uma atividade de contornar o que escutamos com um campo de significações possíveis ligados à percepção dos afetos estrangulados, que ainda não puderam ser representados, acima de tudo das angústias que precisam ser nomeadas (Naffah & Cintra, 2012, p. 40).*

Bollas (1987/2015) acrescentaria ainda que "o analisando compele o analista a experimentar o mudo objetal interno do paciente" (p. 41).

Vemos, nesse processo, a necessidade de uma compreensão ética de um sujeito que tem como único instrumento de trabalho seu próprio psiquismo. Nesse sentido, se um bebê convoca naquela que o acolhe os elementos primitivos de sua própria história, assim também o analista se vê às voltas com seu próprio material inconsciente, que comparece e se manifesta na relação com este outro em sofrimento, que vem ao seu encontro.

Importante ressaltar que não se trata de fazer aqui um paralelo entre nascimento e clínica, e sim de buscar explorar a complexidade presente na transformação vivida pelo sujeito humano, frágil e dependente, ao ter que começar a viver. Ao mesmo tempo, as intensidades humanas parecem ter relação intrínseca com a situação do nascimento, marcando o humano em sua forma de se relacionar, na qual a dependência do Outro é traço fundamental. Para Bollas (2009/2012):

> *A discrepância entre a sofisticação do inconsciente materno e a mente do bebê e da criança é uma realidade física que se torna uma estrutura psíquica. Esse abismo entre a sabedoria do Outro e nossa própria ignorância cria em nós uma sensação de que não sabemos o que está ocorrendo dentro ou fora de nós. (p. 141)*

Parece ser justamente aí, nesse não saber sobre si, inerente à condição humana, o lugar de onde brota a prática analítica atemporal e improvisada, uma vez que é sempre nova. É preciso reconhecer o trabalho de busca incessante de respostas sobre nós mesmos, residindo, exatamente nesse lugar, nossa fragilidade. Bollas (2009/2012) lembra ainda que são poucas as respostas individuais que sobrevivem ao tempo: "o ato de questionar parece, em última análise, mais fundamentalmente humano que a geração de respostas" (p. 141).

Vemos, dessa forma, a dificuldade de uma prática que reconhece a força da fragilidade humana, buscando ser ciência e inovação, ao mesmo tempo que se vê convocada a reconhecer o não saber sobre si. Aquilo que sabemos e formulamos como respostas dessa busca incessante se dá a partir de nossa relação com o Outro, ou com os vários Outros que circulam em nossa história, dos quais somos tão absolutamente dependentes, sendo eles próprios marcados pela fragilidade.

Relacionar o nascimento com a prática analítica é lembrar que o infantil permanece, habitando o sujeito e oferecendo o tom que permeia suas relações, se manifestando na relação transferencial com toda sua força e intensidade. Para Klein (1928/1996), o bebê incorpora os pais e os sente como se fossem pessoas vivas dentro de seu próprio corpo. A autora lembra que o mundo interno da criança é construído a partir de suas experiências reais, assim como das impressões que recebe das pessoas e do mundo externo. Assim, se há harmonia nesses pais internalizados, desse mundo interno surge, como afirmam Cintra e Figueiredo (2004/2010), "um princípio de ordenação que ajuda a transformar o caos interior em cosmos. Por outro lado, se estão em guerra, em litígio, o caos se adensa e se aprofunda" (p. 95).

Em relação ao analista, Chabert (2018) afirma que este encarna um Outro contendo o pai e a mãe, o que nos remete à figura dos pais combinados, proposta por Klein (1928/1996). O corpo do analista se converte, dessa forma, em asilo para o desamparo do paciente. Nesse sentido, parece ser justo afirmar que o trabalho analítico opera, justamente, no lugar do caos, em que as angústias, apesar de impensáveis, residem e clamam por significação.

Lembramos, com Winnicott (1949/2000c), que

> *todos os indivíduos buscam, na verdade, um novo nascimento, no qual a sua linha de vida não seja perturbada por uma quantidade de reações maior que a que pode ser experimentada sem que ocorra perda de continuidade da existência pessoal. (p. 271)*

Vemos, novamente, a importância de levarmos em consideração o ritmo do trabalho, sinalizado pelo próprio paciente, quando nos comunica em que medida pode suportar nossas intervenções.

O movimento psicanalítico se faz vivo e se movimenta quando alguns pensadores propõem inflexões corajosas, ousando questionar a rigidez, o distanciamento do humano e o excesso de intelectualização de nossa prática. Sándor Ferenczi é um dos autores que nos convocam a sair do lugar metapsicológico enrijecido e, por vezes, excessivamente adoecido, para uma aproximação mais viva da coisa humana. Diz o autor:

> *A situação analítica, essa fria reserva, a hipocrisia profissional e a antipatia a respeito do paciente que se dissimula por trás dela, e que o doente sente com todos os seus membros, não difere essencialmente do estado de coisas que outrora, ou seja, na infância, o fez adoecer. (Ferenczi, 1933/2011b, p. 114)*

Rever os elementos primitivos daquilo que nos move e, ao mesmo tempo, paralisa, e aceitar o convite para nos aproximarmos do caos, da catástrofe e daquilo que ainda não foi nomeado, mas, ainda assim, habita e atua em nós, é tarefa árdua e complexa. Nesse sentido, buscar uma conexão com o sofrimento e a singularidade me parece ser o elo ético possível de nossa prática cotidiana de contato com o absurdo e, por vezes, inominável da condição humana.

Balint (1968/2014) acrescentaria ainda o seguinte:

> *Alguns analistas estão firmemente convencidos de que os limites estabelecidos pelas recomendações técnicas de Freud devem continuar sendo absolutos para sempre e qualquer técnica que vá além delas não deve ser chamada de analítica. Em nossa opinião, são rígidos demais. Repetiremos mais uma vez que um analista, em determinados casos, particularmente com um paciente regressivo, deve ir além, satisfazendo algumas demandas para assegurar a existência de uma relação terapêutica. (p. 182)*

Ao refletir sobre o encontro, mas também sobre as fantasias que rondam o momento anterior ao encontro, retomo aqui o sonho de uma paciente, ao final da gestação.

Em seu relato, ela está dentro de uma casa, com inúmeras pessoas, como se estivesse em uma festa. Ela circula pela casa, alheia aos outros, até que, observando pela janela, vê dois pássaros, que parecem ser um casal. Os pássaros têm uma cor muito forte, diferente e única. Ela estranha as outras pessoas não se darem conta de tal aparição, uma vez que se sente mesmerizada pelo fenômeno, que a impacta profundamente. Na cena seguinte, ela está na varanda da casa, com o marido, e vê três grandes ovos azuis brilhando sobre a mesa. O marido se apressa em querer tocá-los, mas ela o impede, dizendo que ainda não estão prontos e que, se ele tocar, pode atrapalhar o amadurecimento.

Em suas associações a respeito desse sonho, me contou sobre a sensação de que ela e o bebê que estava para nascer enfrentariam um ambiente de guerra. Perguntei a que se referia, e ela respondeu que, certamente, teria de se proteger, junto com o filho, de tudo o que viesse do mundo externo.

Tal sonho sinaliza algo fundamental para a discussão deste tema: a gestação do bebê é também a gestação dos pais. Assim, os três ovos sobre a mesa representariam ela, o marido e o bebê, que ainda não nasceram, que ainda estavam em formação. Uma formação psíquica, no caso dos pais, que se preparam para acolher o desconhecido. Ao impedir o marido de tocar os ovos, minha paciente parecia reconhecer o mistério do qual também fazia parte, pois não sabia ou não podia prever o que encontraria em cada um deles.

De fato, o tempo da espera da gestação e o tempo da psicanálise parecem nos contar algo sobre a humanidade e seus mistérios. Partos prematuros, bem como interpretações prematuras, trazem consequências por vezes deletérias no curso do acontecer humano.

As marcas de nossa história: tatuagens da existência

Em "Construções em análise" (1937/2006c), Freud revisita o trabalho do analista, propondo imagens simbólicas, caracterizadas por ruínas e escombros de alicerces. Compara, então, nosso fazer clínico ao de um arqueólogo; fala de uma aproximação, na qual a interpretação daria lugar a um trabalho de *construção*. "Estamos à procura de um quadro dos anos esquecidos do paciente que seja igualmente digno de confiança e, em todos os aspectos essenciais, completo" (Freud, 1937/2006c, p. 276). Em seguida, descreve qual deveria ser a tarefa do analista: a de completar aquilo que foi esquecido pelo paciente, a partir dos traços que deixou atrás de si "ou, mais corretamente, *construí-lo*" (Freud, 1937/2006a, p. 276). Nesse momento de sua obra, o autor parece propor que as reminiscências não seriam suficientes, sendo preciso acessar a revivescência.

Essa nova maneira de conceber o trabalho analítico, que parece ir além do mero exercício interpretativo, supõe que, para além da interpretação, algo possa ser *construído*, tendo como base a relação transferencial. Nesse sentido, Freud parece elaborar uma hipótese: se há uma clareza associada a elementos que ainda não estão organizados, não seria isso uma presença sensorial alucinatória?

Se as tópicas freudianas teriam sido forjadas com base no trabalho com adultos neuróticos, o contato direto com bebês nos permite perceber que eles podem ter representações psíquicas do vínculo muito precocemente. Tal concepção nos permitiria afirmar, então, que o bebê tem percepções abstratas que seriam anteriores às representações figurativas.

O modelo Esther Bick de observação de bebês permite, justamente, que o analista entre em contato com a necessidade de recuar teoricamente, para aprender a observar. Observar no sentido de entrar em contato com tais formações abstratas, ainda não organizadas, ainda sem contorno ou nomeação. Tal proposta abre caminhos para a construção de uma prática clínica que leve em consideração a noção de *continente-conteúdo*, como a proposta por Bion (1962/1971), por exemplo.

Segundo Ciccone (2001), a noção de função psíquica da pele no desenvolvimento do bebê, forjada por Bick, demonstra a necessidade de um objeto continente, com o qual o bebê possa se identificar a fim de sentir-se "suficientemente contido dentro de sua própria pele" (p. 87, tradução nossa). Para o autor, a noção de objeto continente, de função-envelope, supõe não somente a concepção de um processo de identificação projetiva, mas, além disso, a concepção de "espacialidade do mundo psíquico" (p. 86). E tais teorizações terão, segundo o autor, um impacto importante na clínica. Isso porque irão servir ao modelo mesmo da psicanálise, não só no que se refere à teoria, mas envolvendo também sua prática.

No que se refere à prática clínica, ou ao cuidado psicanalítico, o autor recorre ao modelo que envolve elementos cronológicos ou históricos, mas também a experiência presente, nos quais três elementos podem operar solidariamente e de maneira simultânea. São eles: a descarga, o desvelamento e a continência. O cuidado oferecido tem como função descarregar, por meio da palavra (descarregar a angústia, a tensão, o conflito). No caso do desvelamento, o psicanalista é aquele que revela o fantasma, o conflito inconsciente instalado no sujeito. Já a continência, ou o cuidado, viriam não tanto da descarga, por meio das palavras, nem do desvelamento dos fantasmas que se tornam conscientes, mas da experiência emocional na qual a vida emocional perturbada, dolorosa, problemática, encontra um espaço no qual possa ser simplesmente recebida e contida.

É a capacidade do analista de conter as emoções e os pensamentos do eu extremamente frágil do paciente, excessivamente inseguro em seu sentimento de existência, que poderá transformar as emoções, as angústias, os conflitos. "A dor é contida quando pode ser compreendida", afirma Ciccone (2001, p. 83). Nesse sentido, conter uma experiência passa pela capacidade do analista de compreendê-la.

Vemos, assim, como a observação do mundo interno dos bebês, bem como do trabalho kleiniano que descreve, segundo Ciccone, "a cosmologia ou a sociologia do mundo interno, assim como a geografia do corpo materno" (p. 86), servirão de base para uma clínica que leva em conta o primitivo, o insondável, o não vivido.

Aulagnier (1975/1979), ao tratar do originário, fala em "vivência informulável" (p. 41). Ou seja, do ponto de vista do bebê, no encontro boca-seio, observamos, entre outras experiências, "uma vivência do corpo, o que chamamos de o "x" incognoscível, que acompanha uma atividade de representação produzindo o pictograma" (Aulagnier, 1975/1979, p. 47).

Insondável, incognoscível, informulável são os termos utilizados para descrever a experiência do contato com a forma pictórica pura. Ou seja, trata-se de uma condição anterior à palavra, mas nem por isso inexistente: ao contrário, a intensidade se presentifica, se materializa de forma viva – o que Bollas (2015) definiria como "conhecido não pensado" (p. 39).

Nesse sentido, como afirma Bleichmar (1994):

> *... para que pensar o impensável não se torne delírio, o impensado organiza-se sempre nas margens de outros pensamentos prévios; leitura dos textos escritos acompanhando nossa leitura de uma realidade que está insidiosamente marcando as limitações de uma práxis que pretende permanentemente um forçamento do real existente. (p. 3)*

Assim, observamos a força de um trabalho que se propõe a, justamente, "traduzir" ou "tratar" o impensável.

Em suas reflexões sobre o originário, Aulagnier (1975/1979) afirma que, em se tratando do início da vida, o mundo, ou o que denomina "extrapsique", ainda não existe, senão somente como representação pictográfica em que o originário se forja:

> *a psique encontra o mundo como um fragmento de superfície especular, na qual ela mira seu próprio reflexo. Do "não-eu", a psique começa por conhecer apenas o que pode se apresentar como imagem de si, e o si mesmo se apresenta a si próprio como fruto desta atividade e deste poder que engendraram o fragmento do "não--eu", que se apresenta como espelho de si. (Aulagnier, 1975/1979, p. 50)*

Ao descrever o processo de encontro com o mundo e, portanto, o processo de fundação do inconsciente, a autora vai, ao mesmo tempo, nos conduzindo por um caminho feito de imagens que vão sendo internalizadas, gravadas, "tatuadas" a partir da experiência sensorial do sujeito, durante seu processo de constituição psíquica.

Numa tentativa de aproximação da forma pictórica pura, vamos, ao mesmo tempo, podendo pensar a organização psicossomática do sujeito ou, nos termos de Bleichmar (1994), a "fundação do inconsciente".

Como afirma Aulagnier (1975/1979),

> *representante e representação do mundo são complementares, um sendo para o outro condição de existência. Este trabalho de reflexão contínua é a pulsação mesma da vida psíquica, seu modo e sua forma de ser, exigência*

> *tão categórica quanto a de poder respirar, para a sobrevivência do organismo. (p. 50)*

Os registros mnêmicos deste tempo marcam o corpo, tatuagens invisíveis de uma história que se inicia. Na linguagem do corpo, observamos aquilo que não pôde ser expresso em linguagem simbólica, aspectos da organização psíquica primitiva, que Winnicott (1952/2000e) denomina terrores extremos, sem fim, sem limites.

Importante considerarmos também que as experiências iniciais – arcaicas e primitivas – estão presentes e se atualizam no humano, mas temos dificuldade de acessá-las. Talvez por isso seja tão complexo colocar em palavras este início da vida: tempo em que, como propõe Aulagnier (1975/1979), somos impelidos a nos confrontar com um discurso que não deixa espaço para a dúvida ou ainda

> *que opõe a certeza do delírio à lógica da nossa razão e lhe sugere que houve um tempo longínquo no qual ela também encontrou um discurso que se impunha como detentor exclusivo da verdade. Discurso a serviço de uma violência tão radical quanto necessária, única a permitir o acesso ao patrimônio partilhado que é a linguagem. (p. 19)*

Para ilustrar tal pensamento, retomo um outro extrato de minha experiência clínica. Uma paciente com pouco mais de 40 anos me procurou depois de anos de tratamento psiquiátrico, tendo passado por diferentes médicos e diferentes medicamentos em função de um quadro depressivo persistente. Sempre muito desacreditada do trabalho psicoterápico, depois de várias tentativas de terapia, decidiu procurar análise. Em nossas sessões, relatou episódios de depressão pós-parto muito intensos, nos quais foi medicada, mas sem nunca ter buscado compreender o sentido de tais crises. Logo em nosso primeiro encontro, lembrou que, a cada nascimento de um filho, era-lhe insuportável o sentimento de que era a responsável por aquela vida. Conta que, a cada vez que esse pensamento vinha, o buraco negro da depressão a sugava, só conseguindo sair depois de fortemente medicada. Tal convocação, no sentido de ser ela a responsável por fazer vingar uma vida, a levava para um estado de impotência, tristeza e inevitável culpabilidade.

O trabalho analítico permitiu que pudéssemos acessar a história de seu próprio nascimento, marcado por um descolamento de placenta da mãe, que era acompanhada somente por uma parteira, em um local sem recursos médicos. No relato de sua mãe, a placenta ia sendo expulsa aos poucos, tendo demorado horas para ser eliminada, o que fez com que ela, recém-nascida, tivesse ficado sozinha, enrolada em uma toalha. A imagem deste bebê solitário, entregue à própria sorte, era-lhe insuportável em suas fantasias. Pudemos, então, compreender que a fragilidade e a impotência primitivas eram revividas, reeditadas a cada vez que encontrava um bebê que dependeria dela para sobreviver.

Bydlowski (2006) nos lembra que o passado reativado se manifesta no presente sob a forma de afetos dolorosos, de tristeza sem razão e da lembrança nostálgica da criança que a mulher grávida um dia foi.

Ou ainda, nas palavras de Bleichmar (1994):

> *O parto não só havia produzido uma depressão posterior por ter-se desprendido de um produto valorizado de seu corpo, senão que pela sensação de encadeamento que esse ser estranho, de quem precisava encarregar-se, lhe produzia. . . . Essa falha na narcisização era que produzia nela a sensação de estar ante um estranho a quem não sabia como segurar, ou ante um pedaço de si mesma – parcial – que não sabia como soltar. (p. 17)*

Vemos, então, como a obscuridade psíquica produz traços, sendo a mãe sempre excessivamente humana, senão louca. Como loucura, refiro-me aqui aos excessos, inevitáveis e constitutivos de nossa condição e de nossa vulnerabilidade. Como propõe Amrhein (2012), "este outro se constitui então como objeto excessivamente presente, excessivamente ausente, excessivo, de qualquer maneira" (p. 48, tradução minha). E assim, desde Freud, sabemos como as primeiras faltas, os primeiros traços produzem as primeiras diferenças que se instalam em nós, como marcas psíquicas profundas, movendo o acontecer, mas também o desacontecer humano.

Nesse sentido, a experiência do nascimento, real e complexa, me parece uma boa metáfora para pensarmos o encontro analítico. Marcada por uma relação de intimidade única, particular, circunscrita e protegida pelo *setting* terapêutico, esse útero no qual novas possibilidades de ser são gestadas, aí também onde as catástrofes acontecem, se organiza e reorganiza uma relação a dois, em que as ansiedades, as angústias, as descobertas podem ser desveladas e vividas. Nesse *pas de deux* interativo, marcado pelas experiências de troca, pode haver descobertas, revelações de um si mesmo presente, porém estranho a nós mesmos, apesar de sua força e intensidade.

Penso que a clínica de todos os dias se constitui como fonte inesgotável de reflexão, cabendo ao analista a árdua tarefa de se manter vivo para acolher, refletir, construir e reconstruir a partir de fiapos que se entrelaçam, permitindo uma nova tecelagem que nasce no fio do tempo e da existência.

Considerações finais

É verdade que estamos o tempo todo nos interrogando sobre nossas origens. Nosso passado faz questão, e se apresenta e representa por meio do sintoma, de forma cotidiana e insistente. Da fantasia da criança abandonada, cujo pai, quem sabe, é o galã da novela, à fantasia sexual da travessia edípica clássica, mas nem por isso menos angustiante, queremos saber quem somos, de onde e como viemos. Arriscaria dizer, portanto, com base no longo percurso deste trabalho, que nossa vida psíquica se sustenta em duas imagens: a cena primitiva – imagem de nossa concepção – e a morte, ambas presentes no momento do nascimento, uma vez que, ao nascer, começamos a enfrentar a morte.

Também é verdade que, em princípio, a reprodução é um acontecimento mamífero ou, ainda, biológico. Mas, como afirma André (2018), tal acontecimento tornou-se humano. E segue se transformando cotidianamente. Em tempos de fertilização *in vitro*, inseminações artificiais, barrigas de aluguel, doação de óvulos e espermatozoides para aqueles que desejam ser pais "solo", ou para casais homossexuais, entre outros, a gestação e o nascimento, inevitavelmente, vêm passando por mutações, junto com outras questões humanas. E, enquanto psicanalistas, tais mudanças nos interpelam, nos convocam e, obviamente, também nos movem no sentido da transformação.

Entre alguns dos aspectos psíquicos presentes, por exemplo, no caso da fertilização *in vitro* para homens ou mulheres que desejam ter um filho sem um parceiro, vemos uma mudança na forma como entendemos o lugar do terceiro, elemento fundamental de uma perspectiva psicanalítica. Uso o termo mudança com ressalvas, pois, para que um bebê seja concebido, ainda são necessários um homem e uma mulher, mesmo que um deles possa não estar presente, restando à criança que nasce a fantasia metonímica.

E se estamos, como condição que nos funda, todo o tempo nos perguntando sobre nossas origens, agora, mais do que nunca, as possibilidades parecem infinitas. Portanto, somos convocados a olhar para tais inovações como processos que fazem parte de dinâmicas que nos dizem respeito e influenciam nossa prática. Se a gestação e o nascimento já não são mais o que eram anteriormente, a psicanálise também não o é. Além disso, se estamos constantemente em movimento, somos impelidos a nos despirmos de nossos *a prioris*, rumo a essas novas formas de concepção e de fantasias humanas que se apresentam cotidianamente em nossa prática.

Especificamente neste presente exercício reflexivo, da mãe que gesta e espera, temos a angústia e toda a esperança do mundo diante do futuro filho, em sua mais absoluta condição de vir a ser. Os "fantasmas em torno do berço", imagem tão forte e ilustrativa, forjada por Fraiberg, Adelson e Shapiro (1975), rondam o quarto do bebê por meio do psiquismo dos pais, e suas histórias de vida se reeditam e se atualizam no processo de acolhimento do novo ser recém-chegado. Se estamos o tempo todo às voltas com questões sobre quem somos, também o fazemos ao fantasiarmos sobre quem é ou quem será este novo que chega.

As intensidades se fazem presentes, tanto nas projeções massivas na direção de *sua majestade – o bebê*, como nos medos, nas angústias e nas inevitáveis transformações vivenciadas pela mãe e, também, pelo casal. Trata-se, portanto, de reconhecer tais movimentos para que possamos lidar com aquilo que é mutante, irreversível e, sobretudo, humano. Ao trazer à luz a vida, somos obrigados a encarar a morte – mas, para poder viver, é preciso esquecer que um dia morreremos. Estamos, assim, diante da ambivalência e da ambiguidade que nos constituem.

A partir de tais considerações, o que a experiência deste trabalho me aportou como elemento central foi o fato de que é necessário desconstruir a evidência do encontro; daí a escolha pela utilização do termo *travessia*. A mãe, ao trazer à luz seu bebê, é, ao mesmo tempo, interpelada pelo infantil que a habita e, nesse processo, há um caminho a ser percorrido. Um caminho nem sempre previsível, dada a complexidade das relações humanas e das formações inconscientes que nos invadem, nos movem, mas também paralisam. Nesse sentido, é preciso reconhecer que nosso lugar de filiação é construído e re-construído ao longo de toda a vida. Finalmente, é preciso lembrar: se o acolhimento é uma possibilidade, o reverso também o é, presente nas depressões pós-parto, nas psicoses puerperais, no abandono e no infanticídio.

De onde parti, por onde fui e o que encontrei

Em princípio, o trabalho de pesquisa que pretendia desenvolver não tinha como foco a mãe, o parto ou o pós-parto, e sim o bebê e o que era possível saber dele, desde o nascimento. Mas nascer e fazer nascer é intenso e, ao mesmo tempo, se dá a dois. Nesse sentido, fui entendendo que não seria possível separar o que é da mãe e o que é do filho. Mais do que isso, percebi nas mulheres com quem me encontrei um desejo, ou melhor, uma necessidade de falar sobre si, sobre a gestação, sobre o parto e o pós-parto. Pude perceber, de forma geral, em cada uma das entrevistas (por mais diversas que fossem essas mulheres e suas histórias), que, no momento de nossa conversa, elas desejavam falar de si: da experiência do parto, de suas dores, frustrações, descobertas e transformações. A experiência de trazer à luz uma criança clamava por ser compartilhada, escutada e, quem sabe, significada.

Algumas sentiam-se enganadas, outras frustradas, machucadas e outras, ainda, descobriram em si forças e recursos que não supunham possuir. Ficou evidente que algumas não puderam se apropriar do trabalho de parto: isso era tarefa do médico, e não delas. Entendi, também, que aquelas que puderam conduzir o processo da forma como planejaram e desejaram passaram por transformações muito significativas, descobrindo recursos e potencialidades até então desconhecidos. O acolhimento do bebê é, de fato, tarefa complexa, gerando, muitas vezes, sentimentos confusos e paradoxais. E, nesse sentido, o elemento tempo é fator essencial nessa travessia.

Lembro-me, com frequência, de uma conversa que tive com um médico obstetra, quando ainda era estudante de Psicologia. Sua fala retornou à minha memória inúmeras vezes ao longo da elaboração desta tese: "Minha filha, você já viu um parto normal? Não há nada de normal em um parto normal. Normal é fazer cesárea". Tal fala permaneceu reverberando em mim e se atualizou durante a escuta e transcrição das entrevistas, durante a escrita e durante meu próprio processamento do material que havia coletado. Ou seja, parece haver uma tentativa, por parte da classe médica, de manter o parto sob seu total controle. Tudo que lhes escapa precisa ser evitado, sendo considerado como disruptivo, fora da normalidade. Os relatos que compartilhei aqui confirmaram essa necessidade de controle, que, por vezes, se dava sob forma de manipulação das informações, de modo a excluir a mulher prestes a dar à luz da decisão. A indução para a cesárea, atendendo à conveniência médica, rouba dela a chance de se apropriar de um processo que lhe pertence e do qual ela pode e deve ser protagonista.

Por outro lado, nas mulheres que puderam se apropriar da escolha e da condução do processo de parto, constatei a presença de uma forte sensação de transformação, como se tivessem descoberto algo importante sobre si, seu corpo e sua força. Ficou evidente que se tratava de uma experiência muito complexa, muito profunda e sem precedentes ou comparativos possíveis. Tal qual um processo analítico, essa experiência parecia estar ligada à descoberta de recursos nunca antes acessados, com consequências e desdobramentos muito particulares, para a condução e criação de novas possibilidades, novas formas de atuação, novos projetos. Uma delas, depois de duas cesáreas e dois partos normais, mudou de profissão e passou a trabalhar com mães com dificuldades no pós-parto. Outra, que teve parto normal de gêmeos, afirma ter se curado de uma depressão crônica, que a acompanhava há anos antes da gestação. Além disso, fez formação para se tornar doula e, atualmente, está fazendo uma pesquisa de mestrado sobre parto, do ponto de vista da antropologia. E outra, ainda, está produzindo um documentário sobre as dificuldades vividas por mulheres durante o pós-parto.

De um modo geral, também pude constatar que as operações de cuidado, do ponto de vista médico, privilegiam o aspecto da funcionalidade, em detrimento de um suporte emocional necessário para a dupla mãe-bebê. Chama atenção, ainda, o fato de os médicos ignorarem os efeitos da anestesia, mesmo que peridural, em um momento em que, justamente, a mulher deveria estar acordada, com todos os seus sentidos funcionando ativamente, para receber e, assim esperamos, se conectar com o bebê que chega.

Outro elemento que me inquietou diz respeito a um termo comumente utilizado e que, como significante, me parece passível de questionamento: *parto humanizado*. Pergunto: o que se pretende dizer com o emprego de tal adjetivo? Por que é preciso forjar um termo dessa ordem para designar respeito ao desejo e aos movimentos da mãe e do bebê? Afinal, todos os partos deveriam ser humanos...

Importante ressaltar que não tenho nenhuma intenção de propor o parto normal como única saída, uma vez que, repito, a cesárea é um procedimento que pode salvar vidas. Além disso, parto do princípio de que o desejo da mulher deve ser respeitado sempre: trata-se de seu corpo e do bebê que ela carrega dentro de si. Não se trata de uma campanha, e sim de um questionamento. Cabe pensar em que medida o número excessivo de cesáreas, bem como o crescimento desse procedimento em níveis mundiais, não estariam associados às possíveis defesas psíquicas, não só da mãe, mas também do entorno médico.

Outro ponto de reflexão que o exercício deste trabalho me trouxe foi a necessidade de discutir e revisitar o conceito de tempo: este também parece estar se transformando. Faz-se necessário reconhecer que vivemos em uma era na qual estamos, claramente, desaprendendo a esperar. Tudo é urgente, tudo é para agora, as respostas chegam instantaneamente, junto com as "soluções". Nessa medida, gestar e parir são acontecimentos que parecem ocorrer na contramão da contemporaneidade. O tempo e a espera, ao que parece, precisam ser reinventados.

O quadro de ser mãe trabalhando em tempo integral, com acesso ininterrupto à internet, fazendo mestrado, tese de doutorado, MBA e desejando realizar todos esses projetos como parte de sua identificação, é fenômeno a ser levado em consideração para se pensar a necessária diminuição do ritmo para o devido acolhimento do bebê. A conjugação de todos esses interesses tem levado as mulheres a adiar cada vez mais o momento de engravidar. Sabemos, no entanto, que a janela da maternidade é estreita. E, dentre outros fatores, entram aí as novas formas artificiais de reprodução: mais um elemento complexo, a ser considerado pelo pensamento psicanalítico, como já mencionado anteriormente.

Em tempos de emancipação feminina, em que a maioria das mulheres trabalha, como fica a maternidade? E a mulher que quer ser mãe? Como, então, pensar o acolhimento? As mulheres mantêm ainda a mesma capacidade de desligamento, de "loucura saudável", descrita por Winnicott (1956/2000h), ao tratar da preocupação materna primária? Se, como nos lembra Kehl (2008), a constelação edípica deve ser considerada, levando-se em conta os elementos históricos e sociológicos que delineiam a forma de organização psíquica em fins do século XIX, me parece imprescindível rever os conceitos referentes à constelação da maternidade.

É verdade que meu desejo inicial era falar do bebê – esse ser maravilhoso, revestido do brilho do narcisismo primário, estranho, misterioso, intrigante, que chega e desconcerta, vira tudo de pernas para o ar, "raio que cai na cabeça da mãe", para utilizar uma imagem criada por uma das mulheres que entrevistei. Inquietava-me saber como chegava e por que daquele jeito. Por outro lado, apesar do redirecionamento da pergunta, tal conversação amorosa que tecia o processo psíquico fundador do *self* do bebê se manteve presente ao longo de toda minha jornada. Tenho uma profunda convicção da vitalidade deste trabalho, que permaneceu vibrando em mim, me inquietando, me movendo e me provocando, teórica e clinicamente, ao longo destes quatro anos: o tempo da gestação de uma tese.

Lembro-me de, quando ainda adolescente, ter visto na TV uma entrevista com Zélia Gattai sobre seu processo de escrita do livro *Anarquistas, graças a Deus*. Na entrevista, ela contava que, um dia, disse a Jorge Amado que uma das personagens do livro estava ficando muito "saidinha" e que ela, como autora, não estava sabendo como lidar com aquilo. Ao que o marido respondeu: "mas você vai querer se intrometer na vida da personagem?".

Sei bem que este trabalho não é uma ficção, mas, ao mesmo tempo, é uma narrativa, na medida em que passa por minha subjetividade e pelos encontros que vivi ao longo desta jornada. Nesse sentido, a direção que tomou, a partir dos efeitos que tiveram sobre mim, fugiram ao meu controle e foram imprevisíveis, como o bebê que acaba de nascer. Meu olhar, que estava voltado para o bebê, foi sendo direcionado para aquela que o carregava no colo.

Os encontros que tive me mostraram que é preciso, sim, falar de primeira infância e de toda a complexidade que essa fase envolve, mas que também é preciso falar das violências cometidas em nome do saber médico, que obturam a autonomia das mulheres. Ironicamente, passei todo o trabalho buscando defender a ideia de que o nascimento humano é um evento que conjuga natureza e cultura para, finalmente, poder dizer que tem nos faltado força e recursos para deixarmos a natureza agir nesse processo.

Entendi, também, que um parto tem a ver com perda de controle, com se permitir perdê-lo. É preciso uma médica que diga: "perde, perde sua força, deixa seu corpo pesar pro chão", agindo assim como facilitadora dessa perda de controle, que conta com a lei da gravidade para permitir que o bebê saia e entre na órbita da mãe. Nesse processo, a mãe parece se conectar com essa força, numa busca de sentido de si, de seu corpo, ao se esforçar para expulsar para fora o ser que há muitos meses a habita, preenchendo sua alma, seu psiquismo, suas entranhas. Ela expulsa o bebê de dentro de si para trazê-lo para perto de seu psiquismo, tornando-se, então, a força gravitacional na qual o bebê irá, por muito tempo, orbitar.

Se o trabalho analítico nos remete, inevitavelmente, à questão de nossas origens e às relações com nossos objetos primários, pensar o início da vida me parece tarefa essencial, já feita e refeita por diversos autores da psicanálise, tendo o próprio Freud estado muito atento a isso ao longo de toda a sua obra. Nessa perspectiva, me parece fundamental nos voltarmos para os efeitos psíquicos que a chegada de um bebê produz na mãe, para além do instinto, para além do amor e para além da responsabilidade, abrindo caminhos para novas significações e nos permitindo legitimar a dor e, consequentemente, tratá-la.

O que questiono, portanto, é em que medida a adaptação da mãe e as "exigências" para seguir um modo de funcionamento específico, que seja *enough*, nos impedem de olharmos para a mulher e para seu próprio estado psíquico, bem como para suas necessidades. Culpabilização, cobranças, exigências ainda fazem parte do processo, contribuindo para a objetificação da mulher que se torna mãe e para a frequente sensação de que, como descreveu uma das delas, "quando você se torna mãe, carimbam a culpa em você".

Nesse sentido, arrisco a dizer que essa experiência nos permite compreender que a humanidade não se confunde com nossa condição de espécie. Como bem afirma André (2010):

> *As competências particularmente finas do recém-nascido, sua abertura imediata para o mundo externo e, mais precisamente para o objeto que o irá nutrir, fazem do encontro com o adulto próximo (envolvendo o inconsciente deste) um momento, ao mesmo tempo, potencialmente fecundo e destrutivo. (p. 15)*

Por isso mesmo, minhas reflexões me permitiram pensar que é preciso revisitar e problematizar o nascimento, levando em conta um campo semântico que é, ao mesmo tempo, familiar, ao tratar das origens, mas considerando também seus aspectos misteriosos e, é preciso dizer, traumáticos. Só assim poderemos tratar e cuidar de seus desdobramentos ulteriores, dos quais fazem parte a psicanálise e a psiquiatria contemporâneas.

As entrevistas me permitiram pensar também sobre o simbolismo representado pela chegada do primeiro filho – esse desbravador, termo que utilizei ao longo do trabalho – que traz a força da tragédia grega, representada por Édipo e seu destino dramático: marca da triangulação, que gera exclusão, ódio e também ressignificação do amor. É a mudança de cenário que traz a morte para fazer vingar a vida. Estamos em face de uma espécie de eternidade. E todas as histórias de amor têm um elemento de eternidade. O nascimento que dura uma eternidade. Um momento que parece eterno, um período que parece eterno, tamanha a força de sua convocação, causada pela dependência, que, por sua vez, exigirá um trabalho psíquico constantemente em transformação.

É preciso reconhecer que a psicanálise avançou muito, ao observar e buscar compreender as necessidades e, consequentemente, a integração psíquica do bebê. Tais aspectos foram amplamente explorados por autores como Winnicott e Melanie Klein. O bebê deixou, então, de ser um "tubo digestivo" (Golse, 2003) e passou a receber o estatuto de uma pessoa – proposição que é atribuída tanto a Françoise Dolto como a Emmi Pikler. O que proponho como reflexão, no entanto, é o fato de que um bebê não bate à porta da mãe antes de entrar: ele simplesmente se faz. Nesse sentido, a ligação de filiação é um desafio que se constrói ao longo da vida (travessia).

Quando observamos a cena de uma mulher com um ventre que se expande, denunciando a instalação da vida, devemos lembrar que aquilo que ela acaricia não é necessariamente uma criança, e sim um lugar que carrega em si todos os mistérios, todas as crenças, todas as projeções, uma vez que o simbólico se instala antes mesmo que o bebê seja concebido. E, assim, é preciso reconhecer que somos, todos nós, bebês substitutos dos bebês idealizados no inconsciente de nossos pais. A verdade, portanto, é que, adotados ou biológicos, nossos filhos são, em princípio, estranhos a nós.

A complexidade dessa relação reside também em um movimento paradoxal e contraditório, no qual a mãe é a primeira sedutora, assim como a primeira fonte de frustração. Entre os excessos experimentados pelo recém-nascido, é preciso lembrar que ele já foi "penetrado" desde o início da vida, pelas excitações que os cuidados maternos geraram em seu corpo (Cintra & Figueiredo, 2004/2010). Por outro lado, o bebê é em si um objeto fálico e, além disso, o único a atravessar a via genital em outro sentido. Tal constatação nos ajudaria, talvez, a compreender a necessidade de controle observada por parte das equipes médicas, numa tentativa inconsciente de separar sexualidade e nascimento.

São muitas as questões, são muitas as facetas. Entre algumas delas, podemos indagar: é uma mãe que faz um bebê ou é um bebê que faz uma mãe? O discurso apresenta a mãe no singular e em letras maiúsculas, mas a realidade e seus desdobramentos o faz no plural.

Em seu livro *A música do tempo infinito*, Ab'Saber (2012) retoma Adorno em sua afirmação chistosa de que nada em psicanálise é verdadeiro, a não ser seus exageros. Ao me propor explorar a catástrofe do nascimento, dou-me conta das intensidades presentes não só nos termos utilizados, mas, sobretudo, na força da experiência. Ao ler, reler, questionar, elaborar, fui atentando para os significantes que se fizeram presentes ao longo de todo esse caminho trilhado com reflexões e palavras: luto, ódio, catástrofe, morte, corte, separação, exclusão.

Se o campo psicanalítico é um movimento que trata, justamente, de manter vivo aquilo que em geral é difícil de ser colocado em palavras e, além disso, trabalha o tempo para além de sua organização lógica e cronológica, vi-me, nesta obra, investigando e explorando "o desproporcional, o atemporal, o irredutível, o trágico e o paradoxal", como bem propõe Figueiredo (2012).

Por isso, concluí que não era o caso de teorizar o amor – algo, em princípio, tão natural, em se tratando da relação da mãe com um filho. Lembrei-me então da esfinge, que devora os homens que não solucionam seu enigma, como também de nossos pacientes, que exigem de nós que os odiemos sem, no entanto, os destruirmos, como a mãe a seu bebê. Percebi, então, não estar certa de poder teorizar sobre aquilo que está vivo, uma vez que estamos o tempo todo à procura de algo que não aconteceu, não teve lugar e que seguimos sempre buscando. Finalmente, me ocorre pensar, sem o desejo de teorizar, que as histórias de amor acontecem justamente quando não somos mais fusionais. Sem nos esquecer, no entanto, de que no amor há sempre loucura, há sempre o imprevisível e, fatalmente, há sempre dor.

Enfim, quis falar do bebê, mas acabei falando de mulheres-mães. Senti-me convocada a dar voz à singularidade dessa experiência, perturbadora e transformadora. É preciso ouvir atentamente. É preciso tempo. É preciso acolher o medo, o não saber, a angústia. É preciso aprender a esperar crescer. A espera e o tempo. Travessia.

Referências

Abecassis, E. (2005). *Un hereux événement*. Albin Michel.

Ab'Saber, T. M. (2005). *O sonhar restaurado. Formas do sonhar em Bion, Winnicott e Freud*. Editora 34.

Ab'Sáber T. A. M. (2012). *A música do tempo infinito*. Cosac Naify.

Ab'Sáber T. A. M. (2016). Breuer e Freud: psicanálise, ciência e filosofia. In J. I. Iskandar & R. Paiva (org.) (2016). *Filosofemas II – Arte, ciência ética – Existência, política religião* (pp. 293-330). Editora Unifesp.

Aguiar, J. M. e D'Oliveira, A. F. P. L. (2011). Violência institucional em maternidades públicas sob a ótica das usuárias. *Interface, 15*(36).

Albuquerque, C. X. (2014, junho). Mia Couto. O olhar psicanalítico do poeta biólogo. *Jornal da Sociedade de Psicanálise de Brasília. Associação Livre*, II(IV), 3-4.

Amrhein, J. (2012). Questions à Freud sur la traversée de l'abîme. *Insistance, 2012/1*(7), 43-53.

André, J. (2010). *Les maternités traumatiques*. PUF.

André, J. (2018). Toutes folles! (comunicação oral). In *Colooque L'amour fou. Folie maternelle, passion adolescente et énigmes du lien*. Maison de la Chimie.

Arau, A. (Diretor). (1992). *Como água para chocolate* [1 DVD]. Miramax.

Arrigucci Jr., D. (2002). *O coração partido*. Cosac Naify.

Assis, M. (1992). Esaú e Jacó. In *Machado de Assis. Obra completa* (Vol. I). Nova Aguilar. (Trabalho original publicado em 1904).

Aulagnier, P. (1979). *A violência da interpretação. Do pictograma ao enunciado*. Imago. (Trabalho original publicado em 1975).

Badinter, E. (1985). Um amor conquistado. O mito do amor materno. Rio de Janeiro: Nova Fronteira. (Trabalho original publicado em 1980).

Baldacci, J. L. (2019). À la recherche du meurtre de la mère. In *Le présent de la psychanalyse. Meurtre de la mère* (pp. 29-46). APF, Revue 01.

Balint, M. (2014). *A falha básica. Aspectos terapêuticos da regressão*. Zagodoni. (Trabalho original publicado em 1968).

Barros, E. M. R. (2010). À guisa de introdução. In *Melanie Klein. Estilo e pensamento*. Escuta.

Bendjelloul, M. (Diretor). (2012). *À procura de Sugar Man*. SUE/GB.

Bendjellou, M. (Diretor). (2012). *Searching for Sugar Man* [DVD]. Sony Pictures.

Bick, E. (1964). Notes on infant observation in psycho-analytic training . *International Journal of Psycho-Analysis*, v. 45, p. 558-566.

Bick, E. (2006). Notes sur l'observation de bébé dans la formation psychanalytique. In *Un espace pour survivre*. Editions du Hublot.

Bion, W. R. (1971). *Aprendendo com a experiência*. Imago. (Trabalho original publicado em 1962).

Bion, W. R. (1989). *Two papers: The grid and caesura*. Karnac Books. (Trabalho original publicado em 1975).

Bleichmar, S. (1994). *A fundação do inconsciente. Destinos de pulsão, destinos do sujeito*. Artes Médicas.

Bogliatto, K., & Vriendt-Goldman, C. (2018). Parentalités, origines et procréation medicale assistée. Aspects psychanalytiques. In *Seminaire International Premier Chapitre*. Université Paris Descartes Sorbonne Paris Cité.

Bollas, C. (2012). *A questão infinita*. Artmed. (Trabalho original publicado em 2009).

Bollas, C. (2015). *A sombra do objeto. Psicanálise do conhecido não pensado*. Escuta. (Trabalho original publicado em 1987).

Bouchard, A., & De Lara (2016). La césarienne sur demande maternelle: quels enjeux pour la femme? *Corps & Psychisme, 2016/1*(69), 59-71.

Brazelton, T. B. (1984). *To listen to a child*. Addison Wesley.

Briggs, A. (2006). *Un espace pour survivre* (J. Pourrinet e A. Alcorn, trads.). Editions du Hublot.

Buber, M. (2006). *Eu e Tu*. Centauro. (Trabalho original publicado em 1970).

Bucher, R. (1984). O umbigo de Freud. In J. Birman & C. A. Niceas (Orgs.), *O objeto na teoria e na prática psicanalítica* (pp. 142-163). Campus.

Bullinger, A. (2000). De l'organisme au corps: une perspective instrumentale. In *Enfance* (Vol. 3. pp. 213-220).

Bydlowski, M. (2018). *La dette de vie. Itineraire psychanalytique de la maternité.* PUF.

Bydlowski, M. (2006). La crise parentale de la première naissance. L'apport de la psychopathologie. *Informations Sociales, 2006/4*(132), 64-75.

Bydlowki, M. (2010). *Je rêve en enfant. L'expérience intérieure de la maternité.* Odile Jacob. (Trabalho original publicado em 2000).

Chabert, C. (2018). Parle-moi de ma mère. In *Coloque L'amour fou. Folie maternelle, passion adolescente, et énigmes du lien.* Maison de la Chimie.

Ciccone, A. (2001). Enveloppe psychique et fonction contenante: modèles et pratiques. *Cahiers de Psychologie Clinique, 2001/2*(17), 81-102.

Ciccone, A. (2007). Rythmicité et discontinuité des expériences chez le bébé. In *Le bébé et le temps*. Dunod.

Ciccone, A. (2014). *La psychanalyse à l'épreuve du bébé.* Dunod.

Cintra, M. E. U., & Figueiredo, L. C. (2010). *Melanie Klein: Estilo e pensamento*. Escuta. (Trabalho original publicado em 2004).

Couchard, F. (2003). *Emprise et violence maternelles.* Dunod.

Coutinho, A. H. S. A. (2009, setembro). Sonhos, angústia e alienação. *Reverso, 31*(58).

Couto, M. (2013). Em II Congresso Internacional da Faculdade de Letras (Cifale).

Costa, A. (2001). *Corpo e escrita: relações entre memória e transmissão da experiência*. Relume-Dumará.

Cramer, B. (1993). *Mother-baby interactions: In reality and in fantasy* (Paper presentation at the Third International Psychoanalytic Association Standing Conference on Psychoanalytic Research: The observed child and the reconstructed child, London).

Crespin, G. (2004). *A clínica precoce: O nascimento do humano.* Casa do Psicólogo.

Cuarón, A. (Diretor). (2013). *Gravidade.* EUA.

Cupa, D. (1997). Rêves d'accouchement, émergence de fantasmes originaires. In *Champ Psychosomatique* (Vol. 8, pp. 37-48).

David, M., & Appel, G. (1996). *Lóczy ou le maternage insolite.* Editions du Scarabée. (Trabalho original publicado em 1973).

Dias, E. (2003). *A teoria do Amadurecimento de D. W. Winnicott.* Imago.

Didier-Weill, A. (2015). *Os nomes do pai.* Contra Capa.

Dolto, F. (1997). *Le sentiment de soi. Aux sources de l'image du corps.* Éditions Gallimard.

Dolto, F. (2015). *A imagem inconsciente do corpo.* Perspectiva. (Trabalho original publicado em 1984).

Donath, O. (2017). Regretting Motherhood. A study. Berkeley: North Atlantic Books.

Drummond de Andrade, C. (2002). Áporo. In C. D. de Andrade, *A rosa do povo. Poesia completa* (p. 117). Nova Aguilar. (Trabalho original publicado em 1945).

Eliacheff, C. (1995). *Corpos que gritam. A psicanálise com bebês.* Ática.

Eurípedes. (2004). *Medéia.* Martin Claret. (Trabalho original publicado em 431 a. C.).

Faria, T. M. S. (2010). A sombra e a constituição do Eu em Piera Aulagnier. *Mosaico Estudos em Psicologia*, *IV*(1), 1-8. www.fafich.ufmg.br/mosaico.

Ferenczi, S (2011a). Elasticidade da técnica psicanalítica. In *Obras completas. Psicanálise IV*. Martins Fontes. (Trabalho original publicado em 1928).

Ferenczi, S (2011b). Masculino e Feminino. In *Obras Completas. Psicanálise IV*. Martins Fontes. (Trabalho original publicado em 1929).

Ferenczi, S. (2011c). Confusão de línguas entre os adultos e a criança. In *Obras completas. Psicanálise IV.* Martins Fontes. (Trabalho original publicado em 1933).

Figueiredo, L.C. (2012). *As diversas faces do cuidar. Novos ensaios de psicanálise contemporânea.* Escuta.

Figueiredo, L. C. (2012). A metapsicologia do cuidado. In *As diversas faces do cuidar* (pp. 131-151). Escuta.

Fraiberg, S., Adelson, E., & Shapiro, V. (1975). Ghosts in the nursery. A psychoanalytic approach to the problems of impaired infant-mother relationships. *Journal of the American of Child & Adolescent Psychiatry*, *14*(3), 387-421.

Freud (2013). Os instintos e seus destinos. In *Introdução ao Narcisismo, Ensaios de Metapsicologia e outros textos*. (Trabalho original publicado em 1915).

Freud, S. (1975). Projeto para uma psicologia científica. In S. Freud. *Projeto para uma psicologia científica, Artigos sobre a técnica* (Edição Standard Brasileira das Obras Psicológicas Completas). Imago. (Trabalho original publicado em 1895).

Freud, S. (2016). Três ensaios sobre a teoria da sexualidade. In S. Freud, *Três ensaios sobre a teoria da sexualidade, Análise fragmentária de uma histeria ("O caso Dora") e outros textos (1901-1905)* (Vol. 6). Companhia das Letras. (Trabalho original publicado em 1905).

Freud, S. (2006a). Análise terminável e interminável. In S. Freud. *Moisés e o monoteísmo, Esboço de psicanálise e outros trabalhos (1937-1939)* (Edição Standard Brasileira das Obras Psicológicas Completas, Vol. XXIII). Imago. (Trabalho original publicado em 1937).

Freud, S. (2006b). Moisés e o monoteísmo. Três ensaios. In S. Freud. *Moisés e o monoteísmo, Esboço de psicanálise e outros trabalhos (1937-1939)* (Edição Standard Brasileira das Obras Psicológicas Completas, Vol. XXIII). Imago. (Trabalho original publicado em 1939).

Freud, S. (2006c). Construções em análise. In *Moisés e o Monoteísmo, Esboço de Psicanálise e outros trabalhos (1937-1939).* Imago. (Trabalho original publicado em 1937).

Freud, S. (2012). *A interpretação dos sonhos. Volumes 1 e 2.* L&PM. (Trabalho original publicado em 1900).

Freud. S. (2013a). Totem e tabu. In S. Freud. *Totem e tabu, Contribuição à história do movimento psicanalítico e outros textos (1912-1914)* (Vol. 11). Companhia das Letras. (Trabalho original publicado em 1913).

Freud, S. (2013b). Introdução ao narcisismo. In S. Freud. *Introdução ao narcisismo: ensaios de metapsicologia e outros textos (1914-1916)* (Vol. 12). Companhia das Letras. (Trabalho original publicado em 1914).

Freud, S. (2013c). Luto e melancolia. In S. Freud. *Introdução ao narcisismo: ensaios de metapsicologia e outros textos (1914-1916)* (Vol. 12). Companhia das Letras. (Trabalho original publicado em 1914).

Freud, S. (2013d). A dissolução do complexo de Édipo. In S. Freud, *O eu e o id, "Autobiografia" e outros textos (1923.1925)* (Vol. 16). Companhia das Letras. (Trabalho original publicado em 1924).

Freud, S. (2013e). A dissecção da personalidade psíquica. In S. Freud, *O mal-estar na civilização, novas conferências introdutórias à psicanálise e outros textos (1930-1936)* (Vol. 18). Companhia das Letras. (Trabalho original publicado em 1933).

Freud, S. (2013f). A feminilidade. In S. Freud. *O mal-estar na civiliação, novas conferências introdutórias à psicanálise e outros textos (1930-1936)* (Vol. 18). Companhia das Letras. (Trabalho original publicado em 1933).

Freud (2013g). Os instintos e seus destinos. In *Introdução ao Narcisismo, Ensaios de Metapsicologia e outros textos*. (Trabalho original publicado em 1915).

Freud, S. (2014a). Uma dificuldade da psicanálise. In S. Freud, *História de uma neurose infantil: ("O Homem dos Lobos"): Além do princípio do prazer e outros textos (1917-1920)* (Vol. 14). Companhia das Letras. (Trabalho original publicado em 1917).

Freud, S. (2014b). Além do princípio do prazer. In S. Freud, *História de uma neurose infantil: ("O Homem dos Lobos"): Além do princípio do prazer e outros textos (1917-1920)* (Vol. 14). Companhia das Letras. (Trabalho original publicado em 1920).

Freud, S. (2014c). Inibição, sintoma e angústia. In S. Freud, *Inibição, sintoma e angústia, o futuro de uma ilusão e outros textos (1926-1929)* (Vol. 17). Companhia das Letras. (Trabalho original publicado em 1926).

Freud, S. (2014d). Sobre a sexualidade feminina. In S. Freud, *O mal-estar na civilização, novas conferências introdutórias à psicanálise e outros textos (1930-1936)* (Vol. 18). Companhia das Letras. (Trabalho original publicado em 1931).

Freud, S. (2014e). *Compêndio de psicanálise e outros escritos inacabados* (edição bilíngue). Autêntica. (Trabalho original publicado em 1940).

Ghirardi, M. L. A. M. (2008). *A devolução de crianças e adolescentes adotivos sob a ótica psicanalítica: Reedição de histórias de abandono* (Dissertação de mestrado). Instituto de Psicologia da Universidade de São Paulo, São Paulo.

Golse, B. (1999). O início do pensamento ou o homem descende do signo? In *A inteligência anterior à palavra*. Artmed.

Golse, B. (2003). *Sobre a psicoterapia pais-bebê: Narratividade, filiação e transmissão*. Casa do Psicólogo.

Golse, B. (2010). *La naissance de l'objet*. Paris: PUF.

Green, A. (1998). *Narcisismo de vida. Narcisismo de morte*. Escuta.

Guéritault, V. (2004). *La fatigue émotionnelle et physique des mères. Le burn-out maternel*. Odile Jacob.

Hartman, J. M., Mendoza-Sassi, R. A., Cesar, J. A. (2017). Depressão entre puérperas: Prevalência e fatores associados. *Cad. Saúde Pública*, *33*(9), 9. https://doi.org/10.1590/0102-311X00094016.

Héritier, F. (2005). La valence différentielle des sexes. L'état des savoirs In M. Maruani (Org.), *Femmes, genre et sociétés* (pp. 52- 56).

Houzel, D. (2006). Préface à l'édition française. In A. Briggs (Org.), *Un espace pour survivre*. Editions du Hublot.

Iaconelli, V. (2015). *Mal-estar na maternidade: do infanticídio à função materna*. Annablume.

Institut national de la statistique et des études économiques – Insee (2015). Les conditions des enfants après le divorce. https://www.insee.fr/fr/statistiques/1283568.

Kahn, L. (2019). Diviser la mère? In *Le présent de la psychanalyse. Meurtre de la mère* (pp. 17-28). APF, Revue 01.

Kanner, L. (1979). *Psiquiatria infantil.* Siglo Veinte. (Trabalho original publicado em 1943).

Kehl, M. R. (2008). *Deslocamentos do feminino*. Imago.

Klein, M. (1996). Estágios iniciais do conflito edipiano. In *Amor, culpa e reparação.* Imago. (Trabalho original publicado em 1928).

Klein, M. (2006a). Inveja e gratidão. In *Inveja e gratidão*. Imago. (Trabalho original publicado em 1957).

Klein, M. (2006b). Nosso mundo adulto e suas raízes na infância. In *Inveja e gratidão*. Imago. (Obra original publicada em 1959).

Klein, M. (2006c). Sobre o sentimento de solidão. In *Inveja e gratidão.* Imago. (Trabalho original publicado em 1963).

Komniski, P., Chatelard, D., & Carvalho, I. (2017, abril). Encontros e desencontros: Do nascimento à constituição do psiquismo. *Estilos da Clínica*, *22*(1).

Lacan, J. (1992). *O seminário, livro 17: O avesso da psicanálise.* Zahar. (Trabalho original publicado em 1969-1970).

Lacan, J. (2005). *Os nomes do pai*. Jorge Zahar. (Trabalho original publicado em 1963).

Lacroix, M.-B., & Monmayrart, M. (1997). *Os laços do encantamento.* Artes Médicas. (Trabalho original publicado em 1995).

Laplanche, J., & Pontalis, J. B. (2004). *Vocabulário da psicanálise.* Martins Fontes.

Leal, M. C. (2014). *Nascer no Brasil. Inquérito nacional sobre parto e nascimento. Fiocruz.* https://portal.fiocruz.br/noticia/nascer-no-brasil-pesquisa-revela- numero-excessivo-de-cesarianas.

Lebovici, S. (1987). *O bebê, a mãe e o psicanalista.* Artes Médicas.

Leonel, F. (2016). Depressão pós-parto acomete mais de 25% das mães no Brasil. *Fiocruz.* https://portal.fiocruz.br/noticia/depressao-pos-parto-acomete-mais-de-25-das-maes-no-brasil.

Lima, A. M. (2010). *Do pulso que ainda pulsa a mãe que não consegue amar a filha: Ensaio sobre o ódio materno* (Dissertação de mestrado em Psicologia). Instituto de Psicologia, Universidade de Brasília.

Lispector, C. (1999). *A descoberta do mundo.* Rocco.

Marin, I. S. K. (2001). *Sujeito e violência na ccontemporaneidade* (Tese de doutorado em Psicologia). Laboratório de Psicologia Fundamental, PUC/SP.

McDougall, J. (1991). *Teatros do corpo.* Martins Fontes.

Mellier, D. (2005). La symbolisation « au présent » du bébé. In *Le bébé et le temps.* Dunod.

Missonier, S. (2018). *La génitrice, la compagne et la corruptrice* (Comunicação oral). In *Coloque L'amour fou. Folie maternelle, passion adolescente, et énigmes du lien.* Maison de la Chimie.

Moraes, V. (1954). Poema Enjoadinho. In *Antologia Poética.* Editora A Noite.

Naffah, A., & Cintra, E. M. U. (2012). A pesquisa psicanalítica: a arte de lidar com o paradoxo. *Alter – Revista de Estudos Psicanalíticos, 30*(1), 33-50.

Nogueira, P. (2004). *A criança em situação de abrigamento: Reparação ou re-abandono?* (Dissertação de mestrado). Instituto de Psicologia e Cultura, Universidade de Brasília.

Parat, H. (2006). *Sein de femme, sein de mère.* PUF.

Pereira P. K., & Lovisi G. M. (2008). Prevalência da depressão gestacional e fatores associados. *Revista de Psiquiatria Clínica, 35*,144-153.

Prat, R. (2008). Une valse à trois temps. In *La méthode d'observation des bébés selon Esther Bick.* Érés.

Prat, R. (2018). *Maman – bébé: duo ou duel ?* Érés. (Trabalho original publicado em 2008).

Rank, O. (2016). O trauma do nascimento. São Paulo: Cienbook. (Trabalho original publicado em 1923).

Rennó, C. (2012). *De onde vêm os analistas?* ebp.org.br/wp- content/uploads/2012/08/Celso_Renno_ 1.pdf.

Rezende, A. M. (1999). Caesura. Cisão-decisão-indecisão. In *Ser e não ser sob o vértice de "O"*. Cabral Editora Universitária.

Rilke, R. M. (1923). *Lettres Milanaises.* Plon.

Rilke, R. M. (1956). *Lettres milanaises 1921-1926.* Plon.

Rosa. G. (1986). *Grande sertão veredas.* Nova Fronteira.

Roussillon, R. (2008). Préface. In *Maman-bébé: duo ou duel?* Érès.

Savatier, T. (2019) *L'Origine du Monde. Histoire d'un tableau de Gustave Courbet.* Éditions Bartillat. (Trabalho original publicado em 2006).

Schniewind, A. (2018). Les Amies prodigieuses sous le regard de leurs mères hargneuses (Comunicação oral). In *Colloque L'amour fou. Folie maternelle, passsion adolescente et énigmes du lien.* Maison de La Chimie.

Soulé, M. (1999). A placenta, sua vida, sua obra, sua abnegação. In *A inteligência anterior à palavra: Novos enfoques sobre o bebê*. Artmed.

Spilrein, S. (1981). *La destruction comme cause du devenir. Entre Jung et Freud*. Aubier.

Spitz, R. (1999). *O primeiro ano de vida*. Martins Fontes. (Trabalho original publicado em 1950).

Stein, C. (1988). *As eríneas de uma mãe: Ensaio sobre o ódio*. Escuta.

Stern, D. (1992). *O mundo interpessoal do bebê. Uma visão a partir da psicanálise e da psicologia do desenvolvimento*. Artes Médicas.

Stern, D. N. (1997). *A constelação da maternidade*. Artes Médicas. (Trabalho original publicado em 1995).

Szejer, M. (1999a). *Palavras para nascer. A escuta psicanalítica na maternidade*. Casa do Psicólogo.

Szejer, M (1999b). *A escuta psicanalítica de bebês em maternidade. Conferências de Myriam Szejer no IV Encontro Brasileiro para o Estudo do Psiquismo Pré e Perinatal (Abrep)*. Casa do Psicólogo.

Tom Zé (1984). Nave Maria [gravada por Tom Zé]. In Nave Maria [LP (1984) / CD (2006)]. RGE/Som Livre (CD).

Valéry, P. (1991). *Variedades*. Iluminuras. (Trabalho original publicado em 1957).

Vaschalde, R. (2015, janeiro/julho). O acolhimento do real. *Diaphora*, *15*(1), 35-39.

Winnicott, D. W. (1975). *O brincar e a realidade*. Imago. (Trabalho original publicado em 1971).

Winnicott, D. W. (1982). O bebê como organização em marcha. In *A criança e o seu mundo*. Zahar. (Trabalho original publicado em 1965).

Winnicott, D. W. (1985). *A criança e seu mundo*. Zahar. (Trabalho original publicado em 1965).

Winnicott (1990a). Teoria do relacionamento paterno infantil. In *O ambiente e os processos de maturação*. Artes Médicas. (Trabalho original publicado em 1960).

Winnicott, D. W (1990b). Distorção do ego em termos de falso e verdadeiro "self". In *O ambiente e os processos de maturação*. Artes Médicas. (Trabalho original publicado em 1960).

Winnicott, D. W. (1990c). *Natureza humana*. Imago. (Trabalho original publicado em 1988).

Winnicott (2000a). Desenvolvimento emocional primitivo. In *Da pediatria à psicanálise. Obras escolhidas*. Imago. (Trabalho original publicado em 1945).

Winnicott, D. W. (2000b). O ódio na contratransferência. In *Da pediatria à Psicanálise. Obras escolhidas*. Imago. (Trabalho original publicado em 1947).

Winnicott, D. W. (2000c). Memórias do nascimento, trauma do nascimento e ansiedade. In *Da pediatria à psicanálise. Obras escolhidas*. Imago. (Trabalho original publicado em 1949).

Winnicott, D. W. (2000d). Objetos transicionais e fenômenos transicionais. In *Da pediatria à psicanálise. Obras escolhidas*. Imago. (Trabalho original publicado em 1951).

Winnicott, D. W. (2000e). Psicoses e cuidados maternos. In *Da pediatria à psicanálise. Obras escolhidas*. Imago. (Trabalho original publicado em 1952).

Winnicott, D. W. (2000f) Ansiedade associada à insegurança. In *Da pediatria à psicanálise. Obras Escolhidas*. Imago. (Trabalho original publicado em 1952).

Winnicott, D. W. (2000g). Aspectos clínicos e metapsicológicos da regressão no contexto analítico. In *Da pediatria à psicanálise. Obras escolhidas*. Imago. (Trabalho original publicado em 1954).

Winnicott, D. W. (2000h). A preocupação materna primária. In *Da pediatria à psicanálise. Obras escolhidas.* Imago. (Trabalho original publicado em 1956).

Wright, N., & Jaques-Wajeman, B. (Diretores). *Mme. Klein* [Peça de teatro]. Théatre de Ville de Paris.

Xavier, C. (2014). Jornal da Sociedade de Psicanálise de Brasília Ano II, Edição IV, Junho de 2014.

Impressão e Acabamento
Bartiragráfica
(011) 4393-2911